多视域下的大学英语教学及其改革研究

卢禹彤　著

中国纺织出版社有限公司

内 容 提 要

本书理论性与实践性兼备，以多种理论为依据，从多个视域切入，对大学英语教学及其改革进行了较为深入的研究，既有对大学英语教学改革必要性的阐述，也有对大学英语教学改革思维、路径的研究。本书主要的研究理论包括生态学理论、ESP 理论、语用学理论、认知与研学理论、自主学习理论、文化哲学理论等。

本书适合大学英语教学研究者和从业人员阅读参考。

图书在版编目（CIP）数据

多视域下的大学英语教学及其改革研究／卢禹彤著 . --北京：中国纺织出版社有限公司，2023.7
ISBN 978-7-5229-0817-5

Ⅰ.①多⋯ Ⅱ.①卢⋯ Ⅲ.①英语-教学改革-研究 -高等学校 Ⅳ.①H319.1

中国国家版本馆 CIP 数据核字（2023）第 145951 号

责任编辑：张 宏 责任校对：高 涵 责任印制：储志伟

中国纺织出版社有限公司出版发行
地址：北京市朝阳区百子湾东里 A407 号楼 邮政编码：100124
销售电话：010—67004422 传真：010—87155801
http://www.c-textilep.com
中国纺织出版社天猫旗舰店
官方微博 http://weibo.com/2119887771
北京虎彩文化传播有限公司印刷 各地新华书店经销
2023 年 7 月第 1 版第 1 次印刷
开本：787×1092 1/16 印张：11.5
字数：185 千字 定价：98.00 元

P reface 前言

　　大学英语是大学本科课程体系的有机组成部分，大学英语教学是培养和提升大学生文化素养的重要途径之一。随着社会的发展和对外交流的需要，我国大学英语教学改革已取得很大进步，但是仍然存在诸多问题。我国大学英语由于受到社会上实用主义和功利主义思想的影响，使其教学"重技能、轻人文"的现象相当普遍——重视语言知识、技能的传授，而忽视了培养学生的情感、态度、价值观等人文素养，因此，人文精神的培养在大学英语教学设计和实践中有意无意地被忽略了。

　　理性是所有哲学思维的一般前提，什么样的理性决定什么样的思维方式。以纯工具理性为价值取向的大学英语教学采用的思维方式以客体化、对象化的方法对待学生，本质上是以对待"物"的方法来对待学生。

　　纵观我国大学英语教学大纲的演进历程可以看出，工具性与人文性的和谐统一是当前大学英语教学改革的方向，大学英语教学的理念逐步彰显更多的人文关怀，在强调英语的工具性功能的同时，更着眼于通过大学英语教学来培养学生综合应用英语的能力，满足他们发展的需要，提高他们的综合文化素养，使他们成为适应社会需要的全面发展的人才。

　　雅斯贝尔斯曾说，"教育是人的灵魂的教育，而非理智知识和认识的堆集"。大学英语教学不只是教给学生语言基础知识和技能的教学，更是为了实现人的价值和开发人的潜能、为了人全面发展的教学。将大学英语教学的工具性与人文性的价值有效地融合，这才是大学英语教学的正确取向。

本书综合运用多种理论，对多视域下的大学英语教学改革进行了研究，真诚希望能为我国大学英语教学质量的提升贡献一份力量。

笔者在撰写本书的过程中，参考、借鉴了国内诸多学术著作和论文资料，在这里谨向其作者致以谢意。此外，本书虽经多次修改，但仍然存在一些不足之处，敬请专家给予批评和指正。

2023 年 3 月

Contents 目录

第一章　大学英语教学改革综述 ·· 1

　　第一节　大学英语教学改革历程的回顾 ································ 1

　　第二节　大学英语教学改革的必要性 ································ 3

　　第三节　大学英语教学改革的目的与理念 ···················· 7

第二章　生态视域下的大学英语教学创新思维 ···················· 13

　　第一节　大学英语生态教学简述 ···································· 13

　　第二节　大学英语生态教学实施的意义 ···················· 20

　　第三节　大学英语生态教学的优化与重构 ···················· 21

第三章　ESP 视域下的大学英语教学创新思维 ···················· 31

　　第一节　大学英语 ESP 教学简述 ·································· 31

　　第二节　大学英语实施 ESP 教学的意义 ···················· 40

　　第三节　大学英语 ESP 教学的创新路径 ···················· 42

第四章　语用学理论指导下的大学英语教学改革 ···················· 47

　　第一节　语用学的定义 ···　47

　　第二节　语用学理论概述 ··· 50

　　第三节　语用学理论在大学英语教学中的应用 ···················· 70

第五章　认知语言学理论指导下的大学英语教学改革 ························· 83

　第一节　认知语言学的定义 ························· 83

　第二节　认知语言学理论概述 ························· 85

　第三节　认知语言学理论在大学英语教学中的应用 ························· 92

第六章　自主学习能力培养下的大学英语听说教学改革 ························· 97

　第一节　大学英语听力与口语教学面临的问题 ························· 97

　第二节　自主学习能力培养下的大学英语听力教学改革 ························· 101

　第三节　自主学习能力培养下的大学英语口语教学改革 ························· 111

第七章　自主学习能力培养下的大学英语读写教学改革 ························· 119

　第一节　大学英语阅读与写作教学面临的问题 ························· 119

　第二节　自主学习能力培养下的大学英语阅读教学改革 ························· 122

　第三节　自主学习能力培养下的大学英语写作教学改革 ························· 134

第八章　基于文化哲学的大学英语教学实施的路径 ························· 141

　第一节　课堂教学 ························· 141

　第二节　"第二课堂" ························· 149

第九章　文化哲学视域下的大学英语教学评价 ························· 157

　第一节　文化哲学视域下的大学英语教学评价理念 ························· 158

　第二节　文化哲学视域下的大学英语教学评价内容 ························· 162

　第三节　文化哲学视域下的大学英语教学评价方式 ························· 163

　第四节　文化哲学视域下的大学英语教学评价主客体 ························· 167

　第五节　文化哲学视域下的大学英语教学评价类型 ························· 169

　第六节　文化哲学视域下的大学英语教学评价原则 ························· 173

参考文献 ························· 175

第一章

大学英语教学改革综述

〜〜〜〜〜〜〜〜〜〜〜〜〜〜〜〜〜〜〜〜〜〜〜〜〜

　　大学英语教学是我国高等教育的一个重要组成部分，它是以外语教学理论为指导，以英语语言知识与技能、跨文化交际和学习策略为主要内容，集多种教学模式和教学手段为一体的教学体系。本章我们就来回顾大学英语教学改革历程，分析大学英语教学改革的必要性、目的与理念。

第一节　大学英语教学改革历程的回顾

一、大学英语教学改革尝试期

　　长期以来，我国外语教学在指导思想、培养目标和教学内容等方面均存在一定的问题，特别是教学效果。中华人民共和国成立以来，外语教学经历了数次改革。在教学内容上力求采用进步的和有益的内容取代过去外语教材中错误的或不健康的内容，把语言知识教学放到应该有的地位，强调教学的实践性，注重各种形式的外语学习。20 世纪 50 年代，社会急需俄语人才，大学外语教学就以俄语为主，并没有统一的教学大纲和相应的教科书。1959 年是大学外语教学初次改革遇到困难的时期，亟须权威性文件对一些重大问题作出规定，指导教学实践。为了适应当时的社会形势，1962 年颁布了《高等工业学校用英语教学大纲》。从此，开始了全国性的共同探索大学英语教学改革途径的尝试。这份大纲对大学英语教学的一些主要问题进行了明确阐释，大纲的一些规定和主张在此后的教学实践中基本上得到了贯彻。1980 年又颁布了《大学外语教学大纲》，这份大纲的教学思想和课程设计和教学内容基本与第一次相同。

之后，随着对外开放政策的实行，英语学习环境有了很大的变化，学生学习英语的目的不再局限于能阅读英语书刊，中学英语的教学水平也提高很快。此外，西方国家的一些外语教学思想，特别是经验论派的教学思想广泛传入我国。为了顺应时代要求，1985 年我国先后颁布了《理工科用大学英语教学大纲》和《文理科用大学英语教学大纲》。1985 年颁布的大学外语教学大纲与前两次颁布的教学大纲相比，有不少差别，除了教学思想和教学目的等有所不同，在教学组织或管理上也有若干新的规定（表 1-1），第三次颁布的《大学外语教学大纲》开始贯彻后，大学外语教学进入了新的发展阶段。

表 1-1　大学外语三次颁布大纲的对比

项目	第一次大纲和第二次大纲	第三次大纲
教学思想	语言是交际工具；大学外语是实践课	语言是交际工具；语言能力和言语能力不同；大学外语是实践课
教学目的	培养阅读能力	培养阅读能力是首要目的，听力是第二层次目的，写和说能力是第三层次目的
教学流程	分为基础和专业阅读两个阶段	分为基础和专业阅读两个阶段；基础阶段分为六级
教学内容	只定性或定量；基础阶段以课文为主，有专业倾向性；有专项语法	既定性又定量；基础阶段以课文为主，无专业倾向性；功能意念表
教学方法	在课文基础上开展四项言语活动	在课文基础上培养四种言语能力

二、大学英语教学改革的发展期

21 世纪，大学英语教学改革进行了多次的有效尝试。2002 年教育部启动了大学英语教学改革，并于 2003 年出台了《大学英语课程教学要求（试行）》。2004 年教育部指定了 180 所院校作为全国改革试点单位。为全面实施大学英语教学改革，满足新时期国家和社会对人才培养的需要，教育部于 2007 年组织有关专家，根据大学英语教学改革目标要求，并结合大学英语教学改革实践，对《大学英语课程教学要求（试行）》进行了修订和完善。新的《大学英语课程教学要求》（后称《要求》）明确指出，大学英语的教学目标是培养学生综合应用英语的能力，特别是听和说的能力，使他们在今后学习、工作和社会交往中能用英语有效地进行交流，同时增强其自主学习能力，提高综合文化素养，以适应我国社会发展和国际交流的需要。与以往的大学英语教学大纲相比，《要求》不仅在教学目标上有了巨大的变化，在教学模式上也提倡尝试依托多媒体网络进行大学英语教学，同时《要求》也强调，对来自不同地域、具有不同英语水平的学生要进行分类指导，因材施教。我国大学英语教学经历数次改革尝试，内容既涉及教学目标的界定，又涉及师生关系、教学策略、学习策略、教学理念、教学管理和教学评价等诸多领域的探索。改革将教师从"人师""经师"转变为学生学习过程中的"促进者"和"引领者"，将课堂教学模式从"满堂灌"转变为鼓励学生"探究性学习"和"合作学习"，学生的学习方式从被动接受向主动接受转变。其中，学生自主学习能力的培养成为学界关注的焦点问题。

第二节　大学英语教学改革的必要性

教育部 2004 年在《大学英语课程教学要求（试行）》中对教学模式改革提出要求："新的教学模式应以现代信息技术，特别是网络技术的支撑，使英语教学不受时间和地点的限制，朝着个性化学习、自主式学习方向发展，新的教学模式应体现英语教学的实用性、文化性和趣味性相结合的原则。"

由此可见，所谓的大学英语教学改革实质是利用先进的技术手段创建一种全新的教学模式，使课堂教学从"以教师为中心"过渡到"以学生为中心"，使教学重心从以往的突出读写转变为侧重听说，使学生的学习由"被动式学习"转变为"自主式学习"。

合理有效地利用多媒体和网络手段来激发并培养学生自主学习的能力，并最大可能地将现代教育技术、教师和学生三者间的关系整合好，其是大学英语教学改革的要求和关键。在这种背景下，为顺应时代的潮流，达到教育部的要求，在大学英语教学改革当中必然会体现出两种转换，一种是教师角色的变化和重新定位，另一种是教学手段多样性的转变。

以下我们将尝试从语感、石化及归因理论等心理学的角度来重新诠释大学英语教学改革的必要性。

一、语感方面

作为一名语言学习者常常有这样的经历，很多时候只依靠感觉的情况下依然可以找到正确答案，这种"感觉"就是我们现在所说的"语感"。语言学家王尚文曾说，"语言能力是一个多层次、多侧面的复杂系统，语感是它的核心"。

很明显，要想学好英语，应该具备良好的语感。但是，由于大学英语受传统教学及应试教育要求突出"读"和"写"的影响，使教师往往过于偏重语法教学，采用"满堂灌""纯语法"为主型的教学思路，一味地让学生死记硬背，并通过反复机械的句型练习来达到这一目的，结果却经常是不遂人意。事实上，人们在进行言语活动，尤其在"说"的时候，却不太可能依据所用词语的理性含义及相关的语法规则，而主要靠语感。

曾经有人在所教的几个大学英语教学改革的班级中做了一次有趣的统计。在第一个学期，虽然基本上所有的学生都知道第三人称单数在一般现在时中行为动词要加"s"，但是在口语中每次都能正确使用这一语法规则的人数不到10%。经过半年的听说练习，到了第二个学期，学生的语感成熟度明显有很大的改善，每次都能正确运用的人基本达到了60%。到了第三个学期，比例又有所提升，基本达到了80%。学生的语感心理成熟度在短时间内有了很大的提高，这与教学改革的实施紧密相关。

教育部为了推进本科英语多媒体化教学改革，创建了"大学生英语自主学习中心"，并在教材上有了很大的变化。现在的教材除了有原来传统的课本，还配备了配套的多媒体学习课件、网络课程和电子教案等，听说教材也实现了课堂教学环节中视、听、说的完美结合。这些对学生的语感实践是非常有帮助的，能使学生形成敏锐、准确和丰富的语言感受能力。此外，这种基于多媒体网络技术的新型教学模式提倡在教师指导下的、以学生为中心的这一学习过程中，依托多媒体展示的便利条件，不仅运用了各种新鲜悦耳的声音刺激了学生的听觉，在视觉上还采用了大量的色彩鲜艳的、生动的图片或者动画。这一过程首先会刺激学生的形象思维，随后就是把"形象思维"运用到口语练习中，就这样的一个类似"理论+实际"的过程，对学生形成语感分析是非常有利的。即让学生在实践中，就语言的内容、形式和感受过程本身，结合自己的亲身实践与形象思维，做出分析判断。而形象思维与生活实践的参与是语感培养的重要组成部分。

二、石化方面

塞林科指出"语言石化现象是指外语学习者的中介语中一些语言项目、语法规则和系统性知识趋向于固定下来的状态，年龄的增长和学习量的变化对改变这种固定状态不起作用"。塞林科根据石化的程度将其分为暂时性石化和永久性石化。暂时性石化又被称为稳定化，它是石化的前兆。

塞林科和拉门德拉提出，石化现象是由"内因"和"外因"造成的。内因是指学习者认为自己的语言能力已不再需要发展，外因是指学习者脑神经结构由于年龄增长而发生变化，限制了学习能力，并导致语言能力的石化。但目前理论界对此关系尚无定论，几乎所有建立在生理基础上的对于语言习得过程的阐释都处于"假说"阶段。而且，由于生理因素造成的障碍比语言习得障碍似乎更顽固，更难以改变，因此导致暂时性石化的决定因素应是心理因素。

中国学生的语音石化错误主要是由缺乏工具性动机导致的。事实上，许多中国学生并不缺乏外语学习的工具性动机，但强大的工具性动机并没有体现在语音习得中。这主要是因为：首先，各类考试中，语音的优劣并不十分影响成绩；其次，在实际交流中，语音错误往往并不影响交流的顺利进行。因此，语音上的错误和石化现象总是没有引起人们的足够重视。而语音的石化现象直接导致的结果就是学生在英语的听力和口语上遇到了"石化"。

《大学英语课程教学要求》将大学英语的教学目标确定为："培养学生英语综合应用能力，特别是听说能力，使他们在今后的工作和社会交往中能用英语有效地进行口头和书面的信息交流，同时增强其自主学习能力，提高综合文化素养，以适应我国经济发展和国际交流的需要。"2005 年 3 月，又颁布了《大学英语四、六级考试改革方案(试行)》。2006 年 6 月开始了大学英语四级新题型的考试试点，2006 年 12 月全面实施了新题型四级考试。2008 年，大学英语四、六级考试又进行了一次改革。

短短几年内，我们可以看到与听力相关的试题比重由 20%上升到 35%，再到 70%，可谓大幅提升，而且在最新改革的四、六级考试里面，要加入口语测试。种种的变革可谓是改善听力和口语"石化"现象的一剂催化剂，刺激了学生对口语和听力的兴趣，极大地减缓了大学生听力和口语的"石化"，在有效的时间内，使学生英语发生正向"移情"，而减轻"石化"的现象。

此外，在大学英语教学改革的大环境下，丰富的课外网络资源给学生打开了一个绚丽多彩的英语世界，脱离了枯燥的书本，可以用自己喜欢的方式来学习，甚至可以寓学习于娱乐。这不仅给学生创造锻炼英语听、说、用的机会，从而营造了一个课内外相结合"立体化"的英语学习环境，而且能极大地激发学生对学习英语的兴趣。在这样的环境下，可极大地改进学生对口语和听力的态度，用兴趣这个最好的"教师"，有目的、有意识地改进自己在英语上的石化问题。

三、归因方面

归因论是说明和分析人们行为活动因果关系的理论，不同的归因会直接影响人们的行为态度和积极性，进而影响行为结果。

大学英语教学改革带来的新的教学环境和教学模式，促进了学生学习角色的转变。学生从以往被动接受知识转变为主动参与，学生成了每堂课的主角，学习的主动性、积极性和能动性得到了充分的发挥，学习英语的兴趣、说英语的自信心有了明显提高。在我们对试点班学生进行的随机问卷调查中，100%的同学认为"新的教学模式对他们最大的影响是提高了学习兴趣"。在召开的教学改革座谈会上，有93%的同学认为新的授课方式最大的特点是"有用"。教师们也反映，开课之初，90%的同学在回答教师问题时，通常只选择"yes"或"no"。教师课堂上准备练习的话题或问题，很快就可以结束，而经过一段时间后，同学们除能在回答问题时自己主动发挥之外，还有很多同学愿意主动回答问题。

现代大学英语教学以学生为中心，以人为本，其在教学过程中运用的就是尊重学生个性、尊重教学规律、因地制宜、因材施教的原则，使每个学生都找到成功和进步的感觉。学生有了这样的成功感可引起较强的共情，会极大地提高学生学习英语，尤其是增强英语"听说"这一薄弱环节的信心，极大地提高学习的积极性，产生进一步学习的欲望，逐渐形成一种良性循环，并逐步培养一种"世上无难事，只怕有心人"的心理状态。

第三节 大学英语教学改革的目的与理念

大学英语教学改革在近年来受到了越来越多人的重视和关注。究其原因，大概有两点：一是其重要性，即大学英语教学对人才培养和国家发展有重要意义；二是其不适应性，即大学英语教学日益显现出来的弊端，已不能满足学生的自身发展和社会的长足进步。因此，对大学英语教学进行改革的呼声越来越高，并从未间断。

一、大学英语教学改革的目的

在了解大学英语教学改革的背景后，我们就要思考这样一个问题，大学英语教学改革的目的何在？人们既已对教学改革的必要性达成共识，之后便会涉及教学改革的目的，下面就对大学英语教学改革的目的进行分析。

《国家中长期教育改革和发展规划纲要》指出，中国高等教育的人才培养目标是"培养具有国际视野、通晓国际规则，能够参与国际事务与国际竞争的国际化人才"。因此，大学英语教学改革的首要目的就是要提高高等教育人才的培养质量，将中国的高等教育国际化。所谓的"国际化"，是指课程的国际化、师资的国际化和学生的国际化。这一目标的提出与我国的国情密切相关。随着经济的全球化发展，教育的国际化步伐也在逐渐加快，我国正致力于建设人力资源强国，在如此关键的转型时期，更需要教育提供强有力的支持。

此外，大学英语教学改革的目的是为大学生的个体发展服务，当今社会对高素质的、具有创新能力的国际化人才的需求剧增，英语能力已成为学生综合能力的重要组成部分。

因此，只有坚持大学英语教学改革，才能不断适应社会发展的需要和学生个体发展的需要。此外，赵光慧和张杰在《大学英语教学改革：个性化、学科化、中国化》中，从不同的角度对大学英语教学改革的目的进行了详细的分析。他们指出，当前中国高校的英语教学改革的首要目的便是实现"个性化"教学，避免"趋同化"。充分发挥大学英语教学的引领作用，最终实现社会交往中的"学科化"。此外，大学英语教学只有立足"中国化"，才能实现"国际化"。

（一）个性化

要通过大学英语教学改革实现"个性化"教育，先应克服的最大障碍便是"趋同化"。"趋同化"大致表现在以下几个方面。

1. 教育行政部门是统一的"社会行动主体"

在当今的大学英语教学背景下，无论是教学方案的制订，教学管理或评价制度的构建，还是教师队伍的培养，教学材料的编写或教学手段的开发等，都是在教育行政部门的统一指挥和监控下进行的，这便是"趋同化"的表现之一。"趋同化"教学体制的出现与国家的计划教育体制有着某种程度上的联系，其主要的教学核心是"教"而不是"学"。虽然近些年来"以生为本"的呼声愈来愈大，但是在实际开展教学活动时是有一定难度的。

2. 统一化的教学管理

几乎所有的普通高校都是根据教育部制定的统一的培养方案、管理制度和评价体系进行英语教学，所使用的大学英语教材也不外乎是上海外语教育出版社、外语教学与研究出版社、高等教育出版社以及其他几所出版社出版的教材，并没有因为学校的差别和学生层次的不同而选用"个性化"教材。"个性化"教学要求有灵活、个性化的"动态"培养方案，即教学方案可以根据不同的学生、不同的表现随时进行调整，使方案适应学生，而不仅是让学生适应方案。教育行政部门在制订了统一的培养方案后，只是具有宏观指导的功能，各个学校根据自身的实际情况和学生的层次水平可以调整方案和学制，学生也可以对培养方案提出合理性的建议，实现"教"与"学"之间的"相互理解"。此外，还可以尝试推广分层次大学英语教学。

（二）学科化

我国当前的大学英语教学主要是围绕"学习语言知识，掌握语言技能"展开的，并且受社会发展的影响，因此，大学英语教学的中心应该转向以实用为目的的教学，即由"学"转向"用"，在"用"中"学"，通过一系列的语言实践，提升学生的语言能力。

就"社会行动"而言，进行"学科化"的大学英语教学是十分必要的。所谓大学英语教学的"学科化"，并不是"英语"与"专业知识"或"专业英语"简单相加，而是两者之间的相互融合，是集"实际运用""英语表达""学科趣味"，甚至是"学术思维"于一体。大学英语教学"学科化"的有效途径之一就是在普通高校中开设以学科为中心的大学英语博雅课程，学生不仅可以了解与英语学科相关的知识和发展状况的表述，还可以接触相关的学术刊物、栏目等，同时还能为学生提供出国求学的帮助。

大学英语教学改革的最终目的是要走出"外语圈"，改变其从属地位的现状，发挥大学英语教学的引领作用。各高校要在满足学生个性发展要求的基础上，开发多层次、立体式的大学英语教学模式，充分提高学生的英语应用能力和学科研究能力，在逐步提高学生基本英语技能的同时，逐渐深化其专业英语知识和技能，使其在多个领域都能发挥专业英语水平的优势，力求做到英语"学科化"的教学。

（三）中国化

语言具有深层次的思维功能。在当今的大学英语教学中，人们更多关注的是学习英语的思维方式，克服汉语思维方式的消极影响。因此，大学英语教学中更加注重以"西化"为特征的教学思维模式，即引进外籍教师，营造学习英语的口语环境等，或让英语教师进行出国培训，到国外大学进行实地考察等。这种教学思维模式是单向的，而大学英语教学改革的目的就是将单向变为双向互动的过程，既"西化"，又"中国化"。在引进西方思维模式的同时，还要使学生在中西文化的相互碰撞中了解中华文化的传统，推动中华文化走向世界。

二、大学英语教学改革的理念

在进行大学英语教学改革时应遵循的理念是改革者必须要考虑的问题。我国的英语教学在最初是经过"西学东渐"的历史发展而来，是为了挽救民族危机而学习西方的先进知识和技术，达到国富民强的目的。但是，在当今社会，我国正致力于建设创新型国家和人力资源强国，为适应这种发展趋势，大学英语教学要将培养国家需要的高素质人才作为教育思想，大学英语教学改革中要以中华文化为本，即以"中学为体"，在大学英语教学中传播中华文化，同时学习世界先进的知识与技术，增强中国的软实力。因此，大学英语教学的指导思想便是"传播"与"借鉴"。为了更好地实现这一教育目标，大学英语教学改革要进行全方位的整改，使英语教学朝着特殊化、学术化方向过渡，这就要求改革既要转变教师角色、强调学生的主体地位，又要提高学生的学习技能。

（一）转变教师角色

现代教学模式主要依托教师讲授，教师对教学活动有主导权，给予学生的学习活动有限。而英语教学改革强调转变教师角色，将课堂交给学生，使学生能够以自己的需求和兴趣等为依据对学习内容进行自主选择，并对学习进程进行自主安排。学生可以自主学习，如在线阅读、对视频反复观看、向教师提问、与同学互动等，这种新的学习模式突出学生在学习中的主体地位，打破了传统的知识灌输式的教学模式。

在大学英语教学改革中教师角色应发生如下转变。

1. 由课堂的"主角"转变为"引导者"

传统教学一直秉承"教师中心""教材中心"，课堂"满堂灌"，教师对教学内容、教学手段、时间安排都处于"独裁"的状态，学生处于被牵引和压制的状态。长此以往，学生学习的主动性、创新性都受到很大的影响。在大学英语教学改革的背景下，这种牵引和压制必定会被打破，学生可以利用网络更方便地获得较高质量的学习资源。优秀教师的视频也能为学生提供丰富的资源，学生可以在学校学习，在家中学习，在任何时候、任何地点进行学习。学习方式也因为网络而发生改变，学生可以轻松看视频，可以徜徉在学科游戏中，可以在讨论吧自由地阐释自己的观点。学生可以在新的学习方式中获得发展，也能培养更强的责任意识。教师通过了解学生，分析学生，引导学生自主发展、自主学习，使教师的教书职能在信息化过程中逐渐被弱化，其分析师、引导者的职能将逐渐被强化。教师是学生成长过程的引导者，并为学生的成长提供优质服务。

2. 由学生学习的"监督者"转变为"协助者"

传统的英语教学是将学生局限在教室里，学生的学习场所较为单一，教师可以充分监督学生在教室的一举一动，而英语教学改革使学生的学习时间、地点都变得很有弹性，所以教师"监督者"的角色受到冲击。但是教师作为"协助者"的角色还是不可替代的，教师需要指导学生学会自学，学会利用网络学习资源提前预习所学的知识，学会自己去思考和解决问题，教师在学生学习的过程中起的是抛砖引玉或画龙点睛的作用。

3. 由"单打独斗"者到"团队协作"者

传统的英语教学大多是教师自己备课，自己讲课，教师一直是单打独斗的角色，英语教学改革要求教师由"单打独斗"者转变成"团队协作"者。这就需要建立一支由各学科骨干教师为主的课程研究团队，进行分工明确的课程资源设计活动。

（二）强调学生的主体地位

知识型时代已经全面到来，社会对于应用型英语人才的需求与日俱增，而受传统教育模式的影响，学生的思维多受到限制，很难适应灵活多变的市场竞争的要求。因此，大学英语教学改革要全面关注英语应用的细节内容，以学生的发展为中心，强调学生的主体地位，依照学生不同的身心发展特征和学习水平，设定相应的职业、人生发展的目标，并对应提高其在相应领域的英语综合应用能力和竞争实力，这是大学英语教学改革的基本理念之一。

（三）提高学生的学习技能

英语是传播中华文化，借鉴与吸收西方先进文化与技术的工具。因此，大学英语教学要培养学生跨文化交流和学术交流的能力。为与这一教育理念相适应，大学英语教学改革必须改变其教学内容，要通过加强阅读教学培养学生"借鉴"的能力，还要通过加强写作教学，培养学生"传播"的能力。

三、实现大学英语教学改革目的与理念的策略

近年来，随着经济全球化发展趋势的日益加强，英语逐渐成为社会发展所需人才的一项必备技能。因此，如何在大学英语教学中提高学生的英语应用能力，提高学生的市场竞争实力，是大学英语教学改革中应重点思考的问题。

（一）开创多元化社会实践交流平台

英语只有在"用"中才能学得深入和透彻，学生只有在特定的岗位和工作环境中进行实际操作和训练，处理工作上的事情和接触不同职务的人员才能了解自身真正的需求和市场的发展方向，才能从根本上提升其英语对话能力和人文素质。但是，从当前大学英语教学改革的现状来看，学校为学生搭建合适的社会实践交流平台这一举措进行得并不完善。在部分高校中，英语教学仍局限于简单的课堂讲解和基本的情景演练。此外，课堂教学中也以理论知识为教学的核心，轻实践，不能很好地锻炼学生灵活应用英语的能力。

因此，为有效实现大学英语教学改革的目的与理念，一些有能力和条件的高校可以考虑与相关企业建立长期有效的合作关系，共同建立丰富多样的社会实践交流平台，使学生在实际操作和训练中领略英语学习的真谛。

（二）革新传统的测评模式

对现有的测评模式进行灵活的调整也是实现大学英语教学改革目的与理念的有效策略之一。通过设置不同的语境考核单，在为学生自我素养水平客观细致化的鉴定提供依据的同时，也为日后教学改革侧重点进行人性化的变更提供了参考。教师要积极灵活地依照英语课程和市场环境等多种因素的要求，对传统测评模式的路径和难易状况进行革新，真正发挥出测评的功效，为今后实现良好的教学循环过程提供保障。

▶ 第二章

生态视域下的大学英语教学创新思维

21 世纪被认为是生态世纪，生态学的思想被人们所熟知，成为人们生活与工作的新方法。对于高校英语教学而言，从生态学层面进行研究也符合可持续发展的规律。对于生态语言学而言，高校英语教学是一个完整的微观生态系统。因此，本章就对生态视角下的大学英语教学创新思维进行研究。

第一节　大学英语生态教学简述

教育应以人为本，因此高校英语生态教学也应如此。人的生命发展具有多元性，而学生个体的发展具有多样性，这包含他们身心和谐的发展、个人的求知欲、与他人和谐相处的能力等。但是，学生个体的发展不能牺牲他人，因为教育面向的是全体学生，所以应互相兼容，对其他学生要予以尊重。因此，高校英语生态教学的本质就在于通过生态课堂，使学生逐渐汲取成长所需要的营养，同时通过物质、能量等的转换对生态课堂产生一定影响，为他人的成长创造条件。可见，高校英语生态课堂本身是一个良性循环的过程，是物质、能量与信息的转换过程，不仅促进学生的生命成长，还促进了社会的可持续发展。谈到高校英语生态教学，首先谈一谈生态课堂，进而分析高校英语生态教学的本质与生态课程的构建。

一、生态教学的定义及特点

(一)生态教学的定义

所谓生态教学，就是指在课堂教学中坚持以学生的发展为主题，通过课堂生态因子之间的协调和运作，从而产生相互激发、共同参与合作的学习环境，实现教学相长、持续和谐发展的课堂教学目标。通过分析，笔者认为所谓生态教学，就是在生态课堂中运用生态学的原理和方法，通过情景再现充分调动学生学习知识的兴趣和爱好，让学生参与到课堂教学活动中，使师生之间、学生之间始终处于平等和谐的教学环境中，进而推动学生全面发展的一种教学模式。生态课堂就是运用生态学原理与方法研究课堂的教学现象及教学规律，将课堂教学及其生态环境紧密联系在一起，并以其相互关系及其机制为研究对象，采用生态学的方法来剖析课堂教学的内外部系统，进而分析课堂教学生态功能，并揭示生态教学的基本规律，这是课堂教学和生态学相互渗透的结果。

(二)生态教学的特点

1. 整体性

生态化教学的整体性是指学习活动被视为一个小的生态系统，其以群体的组织形式展开学习，建立制度，协商分配角色，相互帮助、相互传授，从而借助集体的力量维护生态系统的良性循环。

2. 多样性

生态化教学的多样性是指在生态教学活动中，学生的思维方式、学习水平、学习环境、学习心理以及教师的授课方式、方法、对教材以及学生的熟悉程度等方面的多样性。教师常用多样化的通信方式，如 QQ、微信、E-mail 以及微博等方式加深与学生的交流互动。

3. 互动性

生态化教学的互动性是指在生态化的教学环境中，师生之间的交流以及学生之间的合作交流等。教师不再是课堂的唯一主体，学生会处于和教师同等的地位，这是生态教学的亮点，体现了生态主体之间的平等地位，有助于促进师生之间的友谊，有效缓解"生态失衡"现象。

4. 情景性

生态化教学的情景性是指在生态化教学活动中，教师通过情境创设、设置悬念和问题，使学生处在和谐的教学氛围中。情境创设是教材"活化"的具体体现方式，提出的问题是教师、学生、教材间的知识、能力与情感的相互交流过程，体现了三维目标的统一。情境创设是实现生态教学改革的目的，也是实现生态化教学的必要步骤。

5. 生成性

生态化教学的生成性是指生态化教学的过程与预先设想的课堂是不同的，它是逐渐生成的。美国心理学学家维特罗克认为，学习是一个主动的过程，学习者积极参与其中，主动构建自己对信息的解释，并从中得出推论，其遵循生态主体的发展性原则。

二、高校英语生态教学的理念

无论是对于教师还是学生而言，高校英语生态课堂都是一个全新的教育观念，需要每一位教师付诸自己的心血来经营和追求。要想构建一个完整的高校英语生态课程系统，这个过程是十分困难的，包含创设课堂环境、和谐师生关系、加强课堂互动和构建多元评价机制，下面就来具体分析这几项内容。

(一) 创设和谐生态课堂环境

对于师生而言，课堂是他们演绎生命意义的舞台。创设一个和谐的课堂环境，是师生能够自由成长的基础与前提。生态课堂的创设，不仅涉及物理环境的创设，还涉及心理环境与文化环境的创设。

1. 物理环境创设

高校英语生态教学中生态课堂的物理环境是由自然环境和一些教学设备构成的，自然环境包含照明、光线和噪声等，教学设备包含教室和书桌的布置等，这些在课堂教学互动中发挥着不同的生态意义与作用。

(1)适当的光线和照明。在课堂中，适当的光线与照明对于教师和学生都有着重要的作用，尤其是对学生的健康与心理影响较大。例如，如果光线太弱，那么学生在学习中就会感到视觉疲劳，甚至产生厌倦心理；如果光线太强，那么学生就会受到过度的刺激，对健康产生影响等。

（2）降低噪声。噪声会对人的生理机能产生影响，这是不容置疑的，而且会让人感觉非常的不舒服，也会影响学生的心理，如使他们感到焦虑，记忆力下降，甚至思维变得迟钝等。在教室中，噪声大小与教室位置、班级学生密度有关，与位于城市的位置也有关。也就是说，班级人数多，那么噪声就偏大；离城区越近，噪声就越大。

另外，学生对噪声的承受能力会因为个性、性别等产生差异。因此，要想构建一个高校英语生态课堂，在位置上要远离城市中心或者比较喧嚣的地方。而对于班级的规模也应该予以控制。一般来说，公共英语的班级规模较大，教师应该根据具体的情况，对不同形式的教学活动进行安排，从而减少噪声。

（3）布置教室。教室作为课堂活动的场所，教室的教学设备、内部构架等都需要精心的设计与安排。教室内课桌的摆放以及墙壁布置的整洁干净等，都会让师生感觉到精神上的舒适感与愉悦感。

不同形状的教室有着不同的特点。一般来说，梯形的教室适合讲座，长方形的教室适合课堂讲授，因为这样的教室便于安排座位；圆形的教室适合小组交流与讨论，座位的布置也是圆形的。

另外，教师站立的位置与座位编排会对师生之间的互动产生影响。因此，教室的布置应该具体问题具体分析，考虑课堂活动的要求和内容。一般需要考虑如下方面：是否对师生的课堂互动有利；是否对生生之间的讨论与交流有利；是否对开展小组学习与自主学习有利等。

（4）编排座位。传统课堂中学生的座位一般采用"秧田式"的编排方式，即横成行、纵成列，学生面对教师与讲台。此外，还有"圆桌式""半圆形""马蹄形"和"客厅式"等座位编排方式。

在课堂环境中，编排座位也是非常重要的，其对学生的态度、情感和行为等都会产生影响。根据研究，一般依赖教师较强的学生往往学习积极性都较高，并习惯坐在最前排；对教师依赖性差，喜欢开小差的学生往往学习积极性不高，习惯于坐在后排；而那些希望引起教师注意的学生则往往会选择中间的位置；比较胆怯的学生喜欢挨着墙坐。

但是，由于教学活动的类型与形式多样，学生的个性特征也呈现了鲜明的特色，因此并没有固定的编排座位，甚至每一堂课、每一个教室，学生都会变换位置，这就要求高校英语生态课堂的座位安排应该考虑教学活动，同时兼顾学生的自由与健康，保证每一位学生都有一个舒适的学习环境。

2. 文化环境创设

在高校英语生态课堂中，文化环境包含物质文化环境与精神文化环境两类。前者指的是符号化与物化的结果，属于一种表层的文化环境；后者指的是态度和情感等，属于一种深层的文化环境。

在高校英语生态课堂中，物质文化包含课本、教室和教学设备等这些硬性文化，或者可以称为显性文化。这些文化会对人的行为产生不知不觉的影响，因此在创设生态课堂文化时，需要调动各种物质文化的积极性，如班训、班报等，这样可以使课堂更富有教学气息等。

生态课堂中的精神文化环境包含学生个体的思想与个性发展、学生群体的精神风貌与其他学生之间的关系和师生关系等，这种文化是隐性的，属于一种软文化。对于生态课堂中精神文化环境的创设需要将课堂中各种力量凝聚起来，从而形成具有特色、集体观念的生动课堂。

3. 心理环境创设

在高校英语传统课堂中，很多学生受学业压力的影响，存在一定的心理问题。因此，为了减轻学生的压力，教师需要考虑学生的健康情况，为学生创设一个自由、轻松的环境。

首先，家长要转变教育观念，对学生的期待要有一个限度，不能给学生施加过多的压力，这样才能让学生成为一个健全的人，而不仅是一名"学优生"。

其次，教师要做到以德育人、以理服人和以知教人，做到与学生和谐共处，平等相待。

最后，学校应该设立心理辅导课，及时能够发现学生的各种心理问题，并给予恰当的解决方法。

（二）确立民主平等的师生关系

在开展有效教学的过程中，民主平等的师生关系是基本前提。生态课堂中的民主指的是师生关系的民主，平等是师生地位的平等。在高校英语生态课堂中，每一位学生都有平等参与课堂活动的机会，教师应该扮演每位学生的激励者与合作者的角色。

在高校英语生态课堂中，要保证师生关系的民主与平等，可以考虑从如下两个方面入手。

(1)就教师层面来说，应该充分考虑学生的实际需求，对每一位学生的问题都要认真对待，发挥学生的主动性与积极性，尊重每一位学生的人格与个性发展，并与每一位学生进行交流，真正地了解每一位学生的情况。

(2)就学生层面来说，应该充分尊重教师，并接受教师的指导与帮助，在日常学习中也要积极配合教师。

总之，师生之间应该建立一种平等对话的关系，彼此之间没有压力与猜疑，共同探讨与研究，学生可以畅所欲言，彰显课堂的活力，从而使课堂呈现一种和谐之美。

(三)构建师生互动的课堂交往

对于任何课堂而言，教与学都是其活动的中心，高校英语生态课堂也不例外，师生之间的良好互动是课堂活动能够顺利开展的主要形式。

与传统课堂相比，高校英语生态课堂中的教学能够保障师生之间的平等的交往和地位。这种方式的教学能够使师生之间展开有效的对话与互动，而不是机械地讲授与被动地学习。

在平等的师生互动下，必然会产生有效的课堂，即学生处于主体地位，也呈现了课堂的真实性。在这种互动状态下，师生都是一种教学资源，虽然他们有着不同的内涵，但是他们的地位是平等的，共同处于课堂双向互动的状态中，以共同实现知识信息的共享。

三、生态教学心理环境的创设

生态教学心理环境的创设是实施生态教学一个重要的基础性条件，因为其牵涉到教学主体之间的相互关系，而这种微妙的关系又影响着生态教学的教学效果和教学质量，因此就显得十分重要。下面主要从师生、学生自身和学生之间来阐述生态教学的心理环境。

(一)构建师生和谐对话的生态教学环境

教师在生态教学过程中，通过平等对话、提问、讨论以及合作学习等方式，将教学活动变为师生积极主动交往、共同发展的过程，这主要体现在以下三个方面。

1. 确立学生的主体地位

把学生视为课堂的主体，充分体现学生个性发展的特征。因此，在生态化的教学活动中，应真正体现和强化学生的主体地位，鼓励学生积极主动地参与，激发学生的积极思维，使学生在参与中获得乐趣和满足感。

2. 发挥教师的主导作用

教师的主导作用主要体现在把学生自主性和主体作用充分发挥出来，循序渐进地引导学生思考，鼓励学生发现问题、提出问题，并努力解决问题，这不仅改变了"灌输式"和"填鸭式"传统教学的弊端，而且有利于培养学生的创新和实践精神。

3. 解决学生的实际需求

生态化的教学设计应以学生的实际情况为基础，在充分了解学生原有的知识储备和能力水平的前提下，了解学生的需求，在课堂上做到有的放矢，实现不同要求的教学目标。

(二) 构建学生自身和谐的生态化学习环境

学生自身的学习态度、学习方法和适应能力都将直接影响学生的学习状况。学生只有正确处理好自身与学习之间的关系，才能更好地学习，提高学习效率，进而实现自身的价值。

1. 扬长避短，全面发展

教师在教学过程中可以直接掌握学生的学习情况，通过认真的总结和分析，发掘学生的优点，帮助其树立信心，放下"差生"的心理负担，努力调整自己的学习态度和状态，达到自身与学习之间的相互和谐，在有效的生态课堂中发展健全的身心，形成正确的人生观、价值观和世界观，从而促进学生的全面发展。

2. 关爱弱者，对症下药

部分学生可能因为种种原因远离了集体或被集体忽略，内心处于"孤独"的状态，不能与人交流，这势必会影响到学生的学习和心理健康。针对这类情况，教师可以在课堂上提高对这类学生的关注度，让学生觉得自己是被重视的，或通过谈心的方式帮助学生找出问题的症结，并对症下药，使学生走出困境，以帮助学生实现自身与学习之间的和谐，更好地投入生态化的学习环境中。

（三）构建学生和谐与互动的生态化学习环境

通过开展课堂的民主管理、更新教学方法及组织课外活动，以拉近学生之间和谐的关系，形成了良好的外部环境，最终形成一个情感交融、生动活泼和积极向上的学习氛围。在生态课堂中，学生之间的交流是反映学生思维和学习状态的一个重要过程，学生不只是接受知识，还可以发表自己的观点，对知识进行深入的探讨和学习。

在生态教学中，学生互动的学习方式能够激发学生高度的求异思维，拓宽学生的思路，开启学生的心智和激发学习的兴趣，使学生间产生彼此促进的互动作用。加深学生之间的相互了解，也有利于培养学生的动手操作能力，为生态教学的实施和生态教学质量的提高创造了条件，从而使课堂主体之间处于一种和谐的生态教学环境中，这也体现了生态教学的互动性特点。

第二节　大学英语生态教学实施的意义

从研究方法上看，以往的研究主要从理论层面探究了生态教学的优势、课程设置和课程体系框架等。此外，国内有两位研究者进行了实证研究：一位通过对教学状况的调查和访谈，初步构建了英语专业研究生的生态教学模式；另一位将生态化教学引入大学课堂。最后，发现优化后的生态学习环境总体趋于平衡发展。

从生态化教学模式所取得的效果来看，西安交通大学的课改项目——独立学院大学英语课程体系的实践，就是将多元生态化课程体系作为主要的教学手段。经课改实践证明，该教学模式适应了学生语言能力发展的实际需要，能够满足学生多元化和个性化的发展需求。国外实践也表明，这一模式可以促进学习者更强烈、持久的学习动机，其有如下特点。

第一，生态教学有利于在人才培养过程中实现"课堂教学+第二课堂+社会实践"等方面的完美结合，有助于培养基础知识宽厚、综合素质优良、实践能力扎实的创新创业型人才。

第二，生态教学有利于构建"以学生为中心+个性化学习"的生态化创新型教学模式，学生转而成为生态课堂的主人，享有充裕的自由发挥空间和第一话语权。

第三，生态教学有利于培养"自主学习+创新意识"的具有独立思考能力的创新型人才。紧紧围绕各种人才培养模式，致力于培育具备较强创新意识的精英人才。

第四，生态教学有利于打造"组织者+指导者+促进者"大学英语教师的新形象，教师应因材施教，并组织学生不断开展自我批评和互相批评工作，从而帮助学生提高学习效率。

第五，生态教学有利于搭建"师生+生生"深度良性交互的共建式课堂生态环境。在这一课堂中，对话是基本方式，交互作用是轴心，动态生成是最终目的。

总之，虽然生态教学模式已在一些英语课堂上得到应用，但是关于其在大学英语教学中对于人才综合素质培养和提高中推动作用的研究比较少，有待进一步深入研究。

第三节　大学英语生态教学的优化与重构

在新时代的背景下，由于人们并未对高校英语生态教学系统有一个正确的认识，而忽视了高校英语生态教学的规律、原则与特点，导致系统内教师、学生和环境等出现了矛盾，最后形成了各种失调的现象。为了使这些问题与矛盾能够得到有效的处理和解决，就需要从生态学理论出发，对生态因子之间的关系进行分析与协调，从而使各个因子能够兼容发展，最终实现整个生态系统的优化与重构。

一、大学英语生态教学的优化原则

众所周知，所谓原则就是说话、行事所依据的准则。要优化大学英语生态教学环境，就要遵循该系统优化的原则，只有在一定的原则指导下，才能保证优化方向的正确性，从而提出切实可行的策略和步骤。陈坚林认为，理想的外语生态教学应该注重以下两条基本原则：稳定兼容和制约促进。此外，想要优化大学英语生态教学，还需要在思想上和行动上遵循以人为本和可持续发展的原则。高校英语生态教学的优化需要按照一定的原则展开，从而保证优化目标明确。具体来说，需要坚持以下几项原则。

（一）稳定兼容原则

所谓稳定兼容，即对教学结构进行稳定，对教学要素加以兼容。从生态学角度而言，稳定与平衡有着密切的关系，兼容与和谐有着密切的关系，其中稳定是目标，兼容是实现目标的方法。

高校英语生态教学中必定包含很多要素，如教学要求、教学目标和多媒体等，这些要素在高校英语教学中起着十分重要的作用。一旦某个要素消失，整个教学结构就会呈现不稳定性，因此教学稳定的必要条件就是教学要素之间的兼容。

随着信息技术逐渐融入高校英语生态教学中，必然会对一些教学环境产生干扰，进而影响系统内部各个教学要素的关系。这时原本兼容的各个要素之间也会因为引入新要素呈现不和谐现象，这时候就要求教师、管理人员、学生等都需要进行一定程度的改变，从而促进信息技术与各个要素之间的融合与发展。从教学管理层面而言，要改变传统的管理模式，给予教师充分的知识，优化教学的环境，从而使信息技术与各个要素之间更好的融合与发展。从教师层面而言，教师应不断转变自身角色，不能仅作为分析者与讲解者。从学生层面而言，学生也应该发挥自身的主动性与积极性，从而主动探究知识。

可见，各个要素只有在自己的生态位上发挥应有的作用，才能实现兼容，才能保证教学结构的稳定与平衡。

（二）制约促进原则

所谓制约促进原则，即对教学运转起制约作用，促进个体的进步与发展。从生态学教学而言，教学中各个要素都有着特定的时空位置与功能，它们在自身的生态位上发挥着作用。但是，每个要素功能的发挥应遵循一定的原则，而制约就是这样的一种约束手段，目的是使高校英语生态教学环境更为优化。

信息技术的介入使学生能够自主学习和个性学习。实际上，在教学中出现很明显的信息技术误用的情况，如对信息技术的过度、滥用、低值的使用等，这些误用对学生的个体发展是极其不利的，导致我国高校学生的自主学习与应用能力下降。信息技术的使用应考虑具体的教学目标，以学生为中心，运用恰当的方法，不可过度使用，也不能不使用。恰当的使用可促进学生的发展，保证各个要素都能在各自的生态位上发挥作用，并且彼此之间相互依存。当然，功能的发挥需要设定在一定的范围内，不能随意扩大，也不能丧失它们的作用，要综合看待各个要素的功能，从全局出发，但也不能失去微观意识。

总而言之，制约是为了更好地促进，促进又是合理制约的结果。这样高校英语生态教学才能更自然地进步与发展。

（三）可持续发展原则

可持续发展是 21 世纪教育的根本。1992 年，在巴西里约热内卢召开的联合国环境与发展大会上提出了《21 世纪议程》，其中明确了应该面向可持续发展对教育进行重建，从而将这一理念融入教育中。

高校英语系统是高等教育的一个生态系统，应该坚持可持续发展原则。而社会的可持续发展主要归结于人的可持续发展，因此高校英语生态教学的发展也必然依赖教学主体的可持续发展。在这一观念下，教学的目标不仅在于向学生传授知识，而且在于培养其可持续发展能力。

现代教育包含四大支柱：教会学生认知、做事、共同生活和生存。学生的能力也是随着这些理念逐渐发展起来的。高校英语教学改革的目的在于提升学生英语学习的可持续发展能力。这种能力指的是高校学生在高校阶段及以后的学习和生活中，应该不断完善自我，并不断发展的能力。

从学科性质上说，这种能力指的是学生自主与自觉的学习能力。教师应该对学生的个性特点予以尊重，发挥学生学习的积极性与主动性，培养他们的探索意识与自身潜能，完成教学实践。

从教师层面上来说，要想实现教育的国际化，教师也需要遵循可持续发展原则，即如果仅仅是一些传统的教学理念，显然不能满足当前教学的要求。因此，教师应该考虑国际化的形式，努力拓宽自己的视野，拓宽自己的知识领域，培养自身的学术能力与思辨能力。

需要指出的是，教师、学生与其他生态因子都是教学生态系统可持续发展的重要组成部分，因此这些因子之间不能损害各自的利益，任何一个因子的缺失都会影响其他因子的发展，从而影响其稳定性与和谐性。

二、大学英语生态教学的优化策略

高校英语生态教学系统的优化需要在坚持上述原则的基础上，结合各个生态因子间的关系，同时采用恰当的优化策略。当然，这是一个复杂的过程，在这一过程中，需要以教师作为突破口，因为教师在高校英语生态教学中的作用非常关键，教师教学的态度、理念等如果发生改变，那么就会影响具体的教学情况。因此，只有保证教师的生态化发展，才能保证教学的优化。具体来说，需要从以下几点做起。

(一) 促进教师的生态化发展

应努力打造一支技术精湛、道德高尚的教师队伍，这是当前教育改革与发展的重要目标。

就教育生态学而言，教育生态系统主要由教师、学生和环境等构成。在这一系统中，教师是一个完整的生态主体，其对整个生态系统起着非常重要的作用。教师与其他环境之间要多进行能量与物质上的转换，因此其生存、发展必然是周围环境相互作用的结果。同样，高校英语教师在整个生态教学系统中也发挥着巨大作用，教师的行为、理念等会对学生、教学等其他因子产生巨大的影响。当然，要促进教师的生态化发展，需要做到以下两点。

1. 优化教师的生态位

在教育生态系统中，各生物主体之间与环境间是直接、间接的关系，这种关系可能是竞争关系，也可能是共生关系，它们共同对系统中的资源进行消耗。在系统中，每个生物主体的位置都是特定的，这就是所谓的生态位。在生态环境中，教师应服从学校中的各种要求与规则，从而保障生态系统的稳定，同时还需要不断发展自我，不断适应环境的变化。显然，教师几乎与系统中的各个部分都有着密不可分的联系，而生态位则起着中介的作用。

在高校英语生态教学中，教师需要明确自己的地位，以学生作为中心与出发点。在信息技术的背景下，教师需要有强大的适应能力。可见，教师是信息技术与高校英语生态教学整合的关键层面，对高校英语生态教学的发展起着十分重要的作用，并且随着环境的改变而不断的完善与发展。

2. 提高教师的专业素质

一名合格的高校英语教师需要具备以下素质。

第一，专业知识扎实，专业技能充足，即词汇、语法知识与听、说、读、写、译的能力。

第二，较高的人品修养与良好的个人性格，即好学、谦虚等品格。

第三，现代语言知识具有系统性，也就是高校英语教师要系统了解语言的本质与规律，并能够用语言知识对教学进行指导。

第四，外语习得理论知识要把握清楚，尤其是要了解外语习得与外语教学的特殊性质。

第五，掌握一定的教学方法，并能够取长补短。

当然，进入 21 世纪，除具备上述素质外，教师还需要具备信息技术知识，不断转变自己的观念，提升自己的专业素质，从而向生态化方向发展。从内部来说，教师需要培养自身的反思精神；从外部来说，教师需要创建外在生态学习网络，通过参与和分享，增强自己的科研意识，以实现英语知识结构的更新，促进个人生态的进步与发展。

(二)建立和谐的师生关系

高校英语生态教学系统是相互联系的整体，在这一整体中，师生之间通过不断的交互，构成一个整体。在高校英语生态教学中，师生关系无疑是最重要的关系，是一种和谐共生的关系，他们通过交流与对话达成一致，教师以特殊的方式对自己的灵魂塑造，学生则会在教师的心里留下印记。

人本主义心理学指出师生关系的三个要素。

第一，真实，即真诚，要求师生之间在交往时应该坦诚相待，诚实表达自己的观点与看法，教师不能将自己的意愿强加给学生。

第二，接受，即教师要相信学生能够进行自主学习，接受学生遇到问题时的那种犹豫和恐惧，同时要接受学生的冷漠。

第三，移情性理解，即教师要对学生的内心世界、生活环境等有所了解与把握，从学生的角度看待问题，真心地为学生着想。

但是，师生之间的交往活动不能仅依靠教师的话语来实现，还要与学生紧密相连，如果没有学生的发展需求，教学的价值将荡然无存。高校英语生态教学不仅是为了传输知识，还是师生之间的情感互动，要想实现教学目标，这样的互动则是必不可少的。

高校英语生态教学属于一种人文教学，即培养素质与人格的过程。就语言学习层面来说，学是首要的任务，而不是教，因为学习的过程就是在教师的指导下传递情感与信息的过程。师生之间要建立和谐的关系，需要做到如下几点。

第一，师生之间的地位要平等。这是开展课堂教学的前提条件，也是高校英语生态课堂的基本特征与心理环境，能够保证课堂生态系统的平衡，激发学生学习的动力与积极性。在高校英语生态教学中，师生这两大教学主体是有思想、有感情的人，彼此作为独立的生态因子，应处于平等的地位。

第二，师生之间应不断增进交往，拉近彼此之间的距离。学生的性格使得他们与老师很少进行交流。尤其是当学生进入高校后，教师上课来、下课走的情况，更使得彼此交流甚少，师生之间比较淡漠，缺乏互相了解，这让教学活动很难真正地展开。既然学生的性格使其不能主动找教师，那么教师就需要多与学生接触，努力创造了解每一位学生的机会和时间，使学生对教师产生依赖感与信任感，或者他们可以通过邮件或者 QQ、微信等进行交谈，这样避免了面对面的交谈，也使学生少一些尴尬。

（三）转变教学环境中的限制因子

教育生态学中的限制因子定律具有自身的特殊性。在教育生态学中，所有的生态因子都可能被认为是限制因子，如果某些生态因子的量比临界值低时，就可能出现限制，但是如果某些生态因子的量比临界值多时，也可能会产生限制作用。教育生态系统中的有机体不仅对限制因子具有适应性的作用，而且能够采用恰当的方法，创造条件对限制因子进行转换，使其成为非限制因子。这一定律对于高校英语生态教学是非常适用的，即在高校英语生态教学中，每一个生态因子都可以进行转换，限制因子也同样可以转换成非限制因子。

教学生态系统，即将复杂人际关系包含在内的系统，是一个集合智力、非智力等因素的系统，也是一个复杂的信息管理系统。要想对高校英语生态教学过程中的失衡现象加以调节，不断提升高校英语生态教学的质量，就需要明确这些限制因子，并将其找出来加以改善，只有找准这些因子，才能对其进行转化。当然，要想找到这些限制因子，就需要进行观察，要认识到这些限制因子的限制界限，以及这些限制因子是如何阻碍教学发展的。

就目前的高校英语生态教学而言，教师需要从当前形势出发，使用信息技术展开教学。当然，使用信息技术并不是说过多的使用信息技术，应掌握好使用的度。实际上，信息技术就是一种限制因子，因为如果学生不能进行网络自主学习，也同样不利于其自身发展。

当然，只找到限制因子还不够，还需要将这些限制因子转变成非限制因子，这样才能将这一复杂过程进行简化。发挥师生的主观能动作用，加强交流与合作，创造有利条件，消除限制因子的不利方面，推动高校英语生态教学健康、和谐的发展。

（四）构建开放和谐，多维互动的语言环境

在生态系统中，生物并不是孤立的成分，而是与其环境有着紧密的联系。环境对生物产生影响，而生物对环境也会产生影响。受生物影响发生变化的环境又可以对环境产生反作用，二者是不断协同进化的过程。因此，在高校英语生态教学中，要对自然、社会中的物质环境、人文环境展开分析和探讨。

课堂是教学的主体，是教师、学生与环境组成的基本系统。高校英语生态课堂的物质环境不仅对师生的身心健康产生影响，还会对学生自主学习能力的发展产生影响。因此，课堂良好的物质环境能够使课堂更有活力。高校英语生态教学的课堂可以被认为是一个小的自然生态系统，其不仅需要广阔的场地，还需要光线、温度等因素，还不能有噪声的影响。只有这些物质环境达到标准，才能实现彼此之间的协调。同样，教室内座位的编排也是非常重要的，因为在课堂这一系统中，需要时时刻刻的交互活动，才能保证课堂的动态性。

构建开放互动的语言环境，需要为语言学习营造氛围。在高校英语生态课堂上，只有创造愉快、和谐的氛围才能让学生在学习的过程中得到解放，才能将自己生命的活力展现出来。教师在具体的教学过程中，应该考虑英语学习的特点，通过演讲、小组活动等方式，为学生创设语言交际的情境。

语言学习并不是教师将知识机械地传输给学生，而是多种因素综合的结果和行为。用语言展开交际是学习语言的目的，其需要语言参与其中，因此教师需要从教材出发，做到

将教材中的教学情境真实化，这样才能让知识的传授更加生动。当然，在高校英语生态教学中，还需要为学生创设轻松的心理环境，这样有助于师生之间的交往，促进班级的和谐，教师要为学生营造一个有助于互动的班风，从而打造有助于多维互动的心理环境。

三、大学英语生态教学的重构

（一）高校英语生态教学重构的前提

对高校英语生态课堂进行重构，应该基于信息化语境，对现代信息技术的生态位进行重新审视。具体来说，就是从理论层面而言，高校英语生态课程的重构可以从三个方面入手。一是在外语教学中完全放弃现代信息技术，使课堂生态重新回到平衡状态；二是运用系统的组织与反馈能力，逐渐实现系统的自然平衡；三是通过积极主动的调节，帮助系统重构信息技术环境下高校英语生态课堂的平衡。

显然，从这三方面可以看出，第三种是最可行的方式。

第一方面是一种倒退的做法。当前社会就是一个信息化的社会，而信息化在当今社会有着重要性与不可逆转性，也是社会对教育现代化的要求。因此，要用发展、动态的眼光来看待信息技术，从而推进教学信息化。

第二方面对自然生态是一个不错的选择，但是从教育生态上来说，其需要耗费较大的时间成本。如果完全依靠自我调节而保持平衡与稳定，那么就会经历一个长期的过程，有的甚至是很难实现的，因为生态系统的自我调节能力是有一定限度的，这就是所谓的生态阈值。如果外来的冲击超越了这一生态阈值，那么就会导致生态系统自我调节能力的下降甚至消失，很难再恢复生态平衡。因此，对于高校英语生态课堂这一人工生态系统而言，正确的方式就是采用合理的调节和干预方式，尤其是要以现代信息技术作为前提，并运用信息技术的牵引力，在远离系统平衡态的区域中建立一个结构，从而实现系统的阶段化演化。

第三方面是在信息化语境下，对高校英语生态课堂进行重构，要发挥信息技术的作用。随着信息技术的发展，以及其在教学上的运用，信息技术的角色也在发生改变。具体来说，在信息技术的背景下，教与学的方式应该发生改变，应从以教师为中心转向以学生为中心。

总而言之，在高校英语生态教学的课堂上，信息技术已经在教师、学生和环境等生态主体与环境因子中渗透与融合，对各个生态因子之间的交互起着十分重要的作用。在对高校英语生态课堂进行重构时，要对现代信息技术的生态位进行准确的理解和把握，减少生态因子之间出现重叠的情况，避免发生排斥与竞争。

(二)大学英语生态教学重构的路径

1. 发挥信息技术作为主导因子的引领作用

在高校英语生态教学改革中，应该对信息技术在课堂教学中的生态位有一个准确的定位，进而发挥信息技术的引领作用，对课堂中其他因子进行调整，从而修复改革初期信息技术对高校英语生态课堂造成的失衡状态。

(1)在政策层面敢于推进高校英语教学信息化的进程。要想发挥信息技术的引领作用，需要在政策上进行调整与号召。教育部高等教育司对教育信息化的趋势进行了明确的定义，并分析了高校英语教学改革的情况，制定了相关的推进信息化背景下的高校英语教学的政策与举措，这给高校英语生态教学带来了契机。

(2)实现信息化教学的常态化和深层化。要充分发挥信息技术的引领作用，必须实现信息化教学的常态化和深层化。要想保证高校英语生态教学的可持续发展，就需要推进信息化教学的深层化与常态化。前者指的是信息技术要与高校英语生态教学有机整合，后者指的是信息技术的运用要具有广泛性。这样才能促进信息化教学从粗放型转向内涵型，从而提高高校英语生态教学的效率与效果。

2. 恢复信息化课堂的生态功能

在信息化的背景下，信息技术进入高校英语生态教学中，并逐渐发展成为一个重要的环境因子，这给系统结构造成了一定程度的扰动，系统内部各个要素之间也会随着这一扰动而不断发生改变。因此，需要对课堂生态系统进行调节与优化，从而逐渐恢复已经弱化的系统功能。

高校英语生态课堂受信息技术的影响，逐渐成为一个远离平衡的系统，如果学校能够大力投入外语教学信息化的软件和硬件，那么信息技术就会拉动系统内部的其他组成成分，从而进入平衡状态。

当然，这就需要建立一个课堂生态恢复机制，从而更好地对其内部的因子加以调控。

调控过程一般遵循"认知—调控—获取反馈—再调控"的模式，先了解影响因子的特点和作用方式，再针对影响因子采取相关举措，然后观察和获取系统对于调控的反馈信息，最后采取适当的调控措施。

总而言之，信息技术与课堂教学的有机整合，有利于解决系统内部的失调问题，包括教师教学理念、教学角色与英语教学实践的失调，学生学习习惯、信息素养与英语学习目标的失调，多媒体、立体式教材使用方法与英语教学效果的失调，新的英语教学模式与传统英语教学系统的失调，以及传统评估方式与英语教学目标的失调等。

▶ 第三章

ESP 视域下的大学英语教学创新思维

ESP(English for Specific Purposes，特殊用途语言)是伴随英语在各个领域的广泛引用而诞生的一种新型英语，ESP 教学始于 20 世纪 60 年代初西方国家的一场教学改革，因为当时传统的 EGP 教学模式已无法满足学生、社会和时代的要求。ESP 教学理念于 20 世纪70 年代末进入我国，并从 20 世纪 90 年代开始逐渐成为我国高校英语教育领域的重要议题。

第一节　大学英语 ESP 教学简述

ESP 教学也被称为"专门用途英语教学"，是在时代发展的要求下出现的新的英语教学方式。随着我国大学英语教学改革的推进，ESP 教学的重要性愈加凸显。本节将对高校英语 ESP 教学的相关内容进行具体说明。

一、ESP 的界定与分类

1960 年，国际上首次召开了 ESP 大会，这次会议打开了特殊用途语言研究的大门。

在之后的十年中，大量与特殊用途语言相关的术语开始出现，这其中就包括 ESP。

ESP，全称 English for Specific Purposes，指的是"专门用途英语"或"特殊用途英语"，如商务英语、旅游英语和医学英语等。第二次世界大战后，世界各国经济开始逐步发展，科学技术也有了迅猛突破，而且各国在经济、政治、文化和科学技术等方面的交流变得日益频繁，英语逐渐成为国际交流的通用语言，其国际地位日益凸显，世界上出现了学习英语的浪潮。在这种情况下，ESP 应运而生，而且随着学英语热潮的持续升温而迅速发展。

ESP 的定义一直在演变，并在演变中不断充实，其中比较具有代表性的是以下几位学者给出的定义。

1964 年，英国语言学家韩礼德提出了 ESP 的概念：公务员英语、警察英语、法官英语、药剂师和护士英语、农业专家英语、工程师和装配师英语。韩礼德认为，ESP 实际上是指不同职业领域所使用的英语。韩礼德这一定义明确了 ESP 使用的领域，但并没有解释到底什么是 ESP。

1988 年，英国爱丁堡大学现代语学派奠基人斯特雷文斯将 ESP 定义为："ESP is a division of English Language Teaching, the only other member of which is English for General Purpose(EGP)."斯特雷文斯认为，ESP 教学课程本身不是职业目的就是教育目的，因此他基于这两个目的，并根据课程的时间对 ESP 进行了划分，具体如图 3-1 所示。

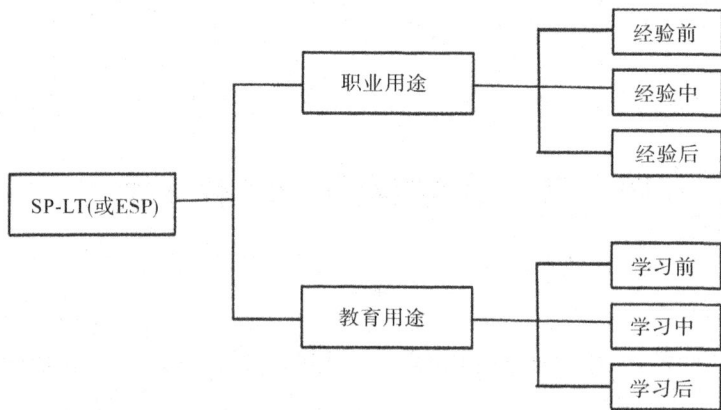

图 3-1 斯特雷文斯对 ESP 的划分

1998 年，美国翻译学者达德利·埃文斯和圣·约翰从广义上对 ESP 进行了界定："The careful research and design of pedagogical materials and activities for an identifiable group of adult learners within a specific learning context whose principal distinguishing characteristics are needs assessment and discourse analysis."这一定义是从课程与教学的角度进行界定的，涵盖了几乎整个课程体系，包括 ESP 的教学对象、教材以及课堂教学等，教学和情境是其核心，突出了 ESP 的需求分析特征。

英国学者罗宾逊认为对 ESP 给出一个普遍实用的界定是不可能的，但也明确地发表了自己的看法："It is an enterprise involving education, training and practice, and drawing upon three major realms of knowledge: language, pedagogy and the students' or participants' specialist area of interest."

上述定义将培训放在了 ESP 的框架中，认为 ESP 是一项涉及教育、培训和实践的事业。这里的 ESP 不仅是理论，更多是教育上的实践，引导人们从更广阔的空间和视野理解 ESP，它不仅涉及语言知识、教育学理论，还涉及学习者专业领域的学习。可以说，罗宾逊的定义为 ESP 课程的开发和实施指明了方向，并提出了指导。

关于 ESP 的分类，不同的学者也有着不同的观点，以下简要分析几位具有代表性的学者的观点。

英国 ESP 研究专家哈钦森和沃特斯通过一个树形结构对 ESP 进行了划分。他们采用二分法和三分法相结合的方式，将 ESP 分为三种类型，即科技英语（EST）、经贸英语（EBE）和社科英语（ESS）。每一种类型又根据一定的分类标准划分成两个小类，具体如图 3-2 所示。

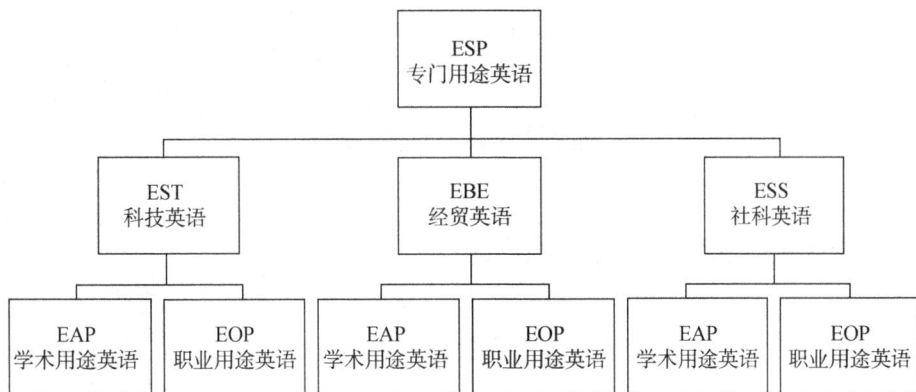

图 3-2 哈钦森和沃特斯的 ESP 树形图

罗宾逊按照自己的观点，采用二分法和三分法相结合的方式对 ESP 进行了分类，罗宾逊的分类直观清晰，而且说明了英语学习本身就是专门用途英语学习的这一性质。具体如图 3-3 所示。

专门用途英语
— 职业用途英语 — 经验前 / 经验中/工作中 / 经验后
— 教育/学术英语 — 针对特定学科中的学习 — 学习前 / 学习中 / 学习后
　　　　　　　— 作为一门学科 — 独立学科 / 整合学科

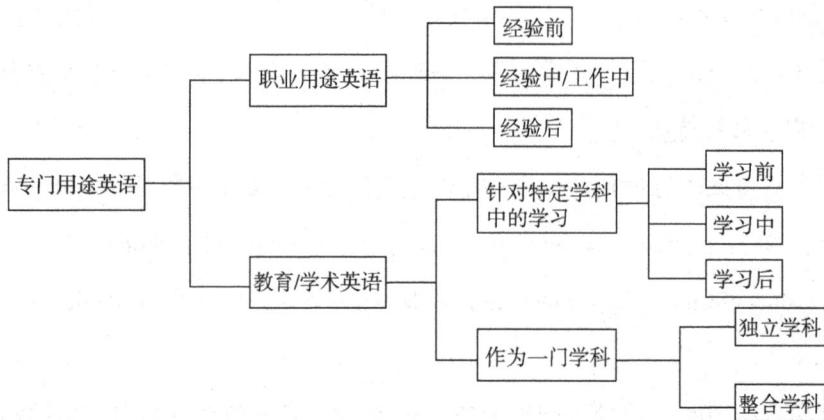

图 3-3　罗宾逊 ESP 树形图

根据上述 ESP 的定义和特征可知，如果不将通用英语和专门用途英语加以区分，那么对专门用途英语的研究也就失去了意义。因此，在罗宾逊分类的基础上进行修正，将 ESP 分类如图 3-4 所示。

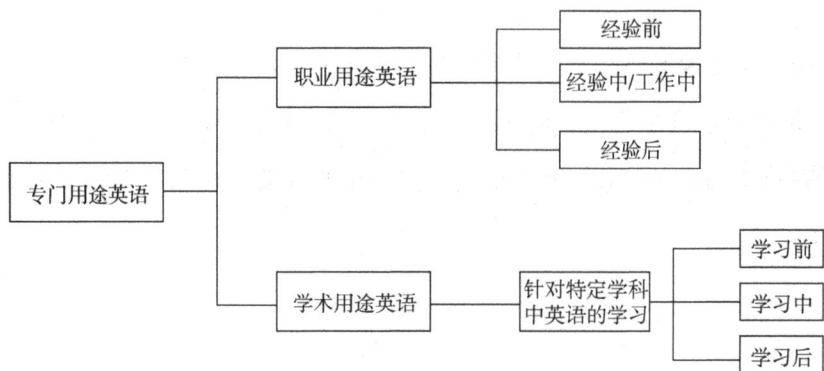

专门用途英语
— 职业用途英语 — 经验前 / 经验中/工作中 / 经验后
— 学术用途英语 — 针对特定学科中英语的学习 — 学习前 / 学习中 / 学习后

图 3-4　ESP 分类结构图

二、ESP 教学的界定及分类

关于 ESP 教学，学界已经进行了多年研究，但对其内涵一直存在争议，没有形成统一的界定。以下就对一些具有代表性的学者的观点进行分析介绍。

哈钦森和沃特斯认为，ESP 教学是以满足英语学习者的需求为基本理念，其目的是以英语学习者的目的为出发点。

罗宾逊认为，ESP 教学是基于需求分析的、具有特定目标导向的英语教学。

尽管不同学者对 ESP 教学的解释有所不同，但在本质认识上已经达成了共识，即都认为 ESP 教学是满足学习者需求、目标导向的教学模式。相较于 EGP 教学将英语语言学习作为教学重点，ESP 教学更侧重于将英语用于完成工作和实际交流作为教学的重点和终极目标，更注重让学生通过英语学习来获得专业知识和技能，强调以学生的实际需求为目标导向。通过 ESP 教学，学生不仅能学到英语语言知识，还能学到专业知识和技能，实现专业化的发展。据此，可以将 ESP 教学的定义概括为：基于学习者的学习需求，超越传统 EGP 教学的通用性，依据明确的教学目标，选定合适的教学内容，将英语教学发展成为不同专业和学科中的交流工具。

ESP 教学具有鲜明的特点，具体体现在以下四个方面。

第一，教学目标具有实用性。ESP 教学的目标十分明确，英语学习者的学习目的并不在于学习语言知识，而在于使用语言，实用性极强。其教学目标更侧重于语言与某学科或专业知识的融合，关注学习者对语言学习的应用和实践。

第二，教学模式具有开放性。ESP 教学是以学习者对运用英语进行实际交流的需求为导向的，无论是在教学内容的选取上还是在教学方法的运用上，都以不同领域和专业的学习者的实际需求为标准，强调英语语言知识的掌握和英语使用的整合，突出"做中学""学中悟"的理念。

第三，教学过程具有互动性。相较于普通教学，ESP 教学更强调发挥英语的工具性和媒介性。EGP 教学注重英语知识和技能的传授，目的是让学习者了解英语这门语言的普遍共性。但 ESP 教学更侧重于从英语的不同角度分析英语作为交流工具的功能特殊性，目的是让学习者通过英语这一工具和媒介进行专业领域的学科交流。

第四，教学内容具有专业性。ESP 教学的内容十分专业，其教学内容已经从普通英语拓展到机械英语、医学英语和化工英语等专门用途，这样可以将学生切实培养成复合型和实用型的人才。由此可看出，ESP 教学是从单一的语言文学的人才培养模式向应用型人才培养模式过渡的关键和重要途径。

三、ESP 教学与高校英语教学的区别

理论上而言，ESP 与高校英语之间的差别并不明显，而且二者还有着十分密切的联系，但就教学实践而言，二者的差异十分显著，具体体现为以下几点。

（一）教学方法不同

ESP 教学与高校英语教学的不同性质，决定了这两种有着密切联系的教学会采用不同的教学方法。由于 ESP 教学是以学生的学习需求为依据，因此 ESP 教学与高校英语教学之间在教学方法上必然有所不同。

受普通教育目标的影响，高校英语教学主要以传授英语语言知识和技能为目的，为的是普及英语和服务于各类考试。但 ESP 教学中的学生有着明确的英语学习目标和特殊的英语学习需求，这就决定了 ESP 教学的内容和方法不同于高校英语教学。例如，ESP 教学中的学术写作、文章体裁等在高校英语教学中就较少涉及。通常，高校英语教学主要将教学重点放在"知"上，也就是将掌握语言的普遍规则放在首位。而 ESP 教学基于明确的目的和实际需求，将英语语言能力的培养放在"行"上，也就是让学生通过实践培养英语能力。通过比较可以看出，ESP 教学有着更加明确和具体的目标，而且多采用任务型的教学法。

（二）需求不同

在高校英语教学中，学生对英语学习通常没有明确的需求，他们学习英语主要是迫于考试的压力。但在 ESP 教学中，学生的学习需求十分明确，即为了学术研究或者为了某一职业的需求而学习英语。下面以阅读为例来进行分析。根据图式理论，阅读能力受三种因素的影响，即语言图式、内容图式和形式图式。语言图式是指阅读者对文章所使用语言的掌握程度；内容图式是指阅读者对文章内容所属领域的熟悉程度；形式图式则是指阅读者对文章所用体裁的熟悉程度。基于图式理论，在学生的阅读过程中，语言图式发挥着重要的作用，而内容图式和形式图式起着辅助性作用。但在 ESP 学习阶段，学生已经具备语言图式能力，此时将会根据学习目的，按照内容图式和形式图式的要求，展开阅读，有效地提高阅读水平。很显然，ESP 教学中的明确目的和特殊需求是高校英语教学所没有的。

（三）教材选择不同

高校英语教学的教材主要是依据教学大纲来选择的，教学大纲规定"教材中需要包含语音、词汇、语法等知识"，所以主要包含这些内容的书籍可以选作教材。具体而言，《高校英语》《21 世纪高校英语》以及《新编高校英语》等是目前高校英语教学中的常用教材。

不同于高校英语教学选材，ESP 教学选材主要依据的是学生的实际需求，只要符合以下四项标准，就可以作为 ESP 教学的教材。

（1）原文真实。ESP 教材的选作应靠近原文，不应是后期节选、改编或者翻译过的书籍，而且要与学生所学专业或所从事的职业密切相关。

（2）内容广泛。ESP 教材的内容要广泛，不仅要包含语音、词汇和语法等基础语言知识，还要包括与学生专业相关的语言项目和相应的文化背景、社会知识等。

（3）难度合适。ESP 教材的难度要适中，既然是为了满足学生的实际需求，那么教材的选择就要以学生的需求为依据，难度太大或太小都不利于学生的学习。

（4）与 ESP 教学大纲相兼容。在 ESP 教学中，教学大纲是依据需求分析设计的，因此 ESP 教材要体现教学大纲的价值，与教学大纲相兼容，符合教学大纲的教学目标。

（四）教学评估不同

在高校英语教学中，教学评估主要是以测试的形式进行的，如期中考试和期末考试。测试的内容主要局限于课本内容，学生只要熟读课本，通过考试就不成问题。

但在 ESP 教学中，测试并不是主要的评估方式，还包括课外实践与应用。评估内容也更加宽泛，不只局限于课本内容，还包括其他内容。具体来讲，ESP 教学评估包括内部评估和外部评估两种形式。内部评估的主要目的是检查学生课堂所学的内容，类似于高校英语教学评估。外部评估包括调查问卷、跟踪调查和讨论会等多种形式，相较于内部评估更能检测出学生的英语水平。

四、ESP 教学优化

为了提高高校学生的英语素质，使学生满足社会的实际需求，有必要对当前的高校英语教学模式进行改革，使之与学生学习、工作的实际需要更加贴合，并解决学生英语水平与实际需要脱节的问题。而 ESP 教学则是与这一需求相符的一种教学理念，将 ESP 教学引入高校英语教学中，将有利于改善当前的教学现状，提升学生的英语素质，培养优秀的英语实用型人才。

(一)教学以需求分析为基础

针对学习者学习的积极性，需求分析也会产生重要的作用。高校英语 ESP 教学应以需求分析为基础，这主要体现在以下两个方面。

第一方面，教学目标的设定应以需求分析为基础。教学目标要以学生和社会的需求为基础，培养出既有学术素养又有职业素养的优秀人才。

第二方面，教学内容的选择要以需求分析为基础。在明确教学目标后，需要选取教学内容，因为教学内容体现于教材中，所以教师要根据本学校的具体培养方向与学生实际情况来选择教材。教学内容的选取也需要遵循需求分析原则，结合学生与社会的需求，采取合适的方法进行目标情景需求分析、当前情景需求分析和学习者情景需求分析，了解未来工作场景对学生语言能力的要求、学生已有知识结构及其掌握程度、学生需求和渴望掌握的知识、学生易于接受的教学方法和主要的学习障碍等信息。通过分析这些信息，可使教学内容更加明确，教学更具有针对性和高效性。

受我国英语教学的特点所影响，教师是教学活动的重要指导者与实践者。在 ESP 教学中，需求分析对教师教学方法的改进也有着重要的影响。

(1)课堂管理者。教师的主要任务是进行课堂管理，如与学习者的交互活动、课堂的时间控制等。

(2)编写教材。教师在缺少合适的教材或者教材不足的情况下，可以根据具体的教学实践和教学经验编写教材。

(3)精心备课。在 ESP 课程的教学中，教师需要精心备课，将教材与真实的交际情境合理地融合在一起。

(4)使用现代教辅设备。在授课过程中，对教辅设备的合理使用能够使教学过程更加清晰。这些教辅设备包括语言实验室、录像、录音和计算机等。

(5)课程评估。课程评估内容包括教师的授课内容是否达到教学目标，是否满足学生的学习需求。

(二)实现英语教学与专业教学相融合

推进高校 ESP 教学思路的发展，首先应在课程上实现英语学习与专业学习的有机结合，从单一的语言教学向跨学科教学转变，促进知识学习与技能训练的融合。换言之，就是师生教学相长，在互动交流中实现知识间的融合。英语教学是师生互动的过程，而且这种互动是双向交往的过程，学生能够在平等的交往中理解 ESP 教学的思想和内容，并获得专业技能。在这种互动过程中，ESP 教学应以学科专业为媒介，将专业知识、学科思路和教学方法融入高校英语教学中，鼓励学生进行跨学科思考，锻炼学生的专业思维能力和综合应用能力，在"做中学"中实现育人的目标。

(三) 遵循主体性原则

虽然高校 ESP 教学受多种因素的影响和制约，但"以学习者为中心"的理念已经深入人心。因此，高校 ESP 教学也要坚持主体性原则，突出学生在学习过程中的主体地位，了解学生的不同特征，充分挖掘学生的内在潜能，激发并调动他们的学习积极性和主动性。高校 ESP 教学以培养学生在目标情景中实际应用英语的能力为宗旨，学生始终是所有教学活动的主体，教师是为学生服务的。在高校 ESP 教学中，不论是教师角色的定位，还是教学内容、教学方法和教学策略等的选择和制订，都要从以学生为主体的角度去考虑，要充分发挥学生的主动性，充分体现出"以学习者为中心"的设计意识，促进每位学生在知识、技能和情感等方面的全面发展以及学生的个性发展。

(四) 多元化教学方法相整合

高校 ESP 教学具有多元化的特征，因此要同时兼顾英语与专业的教学，不仅要保留传统的教学方法，还要采用新的教学方法，使教学方法多元化，从而激发学生的学习兴趣与信心。具体而言，可以从以下几点入手。

首先，教学方法要具有多样性与针对性，使教学形式丰富起来，让学生多反思、多互动，激活专业英语的语言思维。

其次，教师可采取案例教学法、角色扮演法和多媒体教学法等方法，提高学生的实践参与程度，体现学生的主体地位，让学生积极参与到教学活动中。

最后，不同的学生有着不同的英语基础和学习需求，对此教师可有效运用分层教学法。教师首先要对学情有所了解，然后对学生进行合理分层，同时制订合理的教学目标、教学内容、教学方法以及评价方式，并使教学面向全体学生，充分满足学生多元化的学习需求。

第二节 大学英语实施 ESP 教学的意义

近年来，很多学者都指出 ESP 教学是大学英语教学发展的新方向。同时，为了适应教学改革的大背景，大力发展 ESP 教学已经成为大势所趋，这不仅有利于进一步深化教学改革，同时迎合了社会对人才需求的变化，并且对我国大学英语教学向纵深方向发展有着至关重要的作用和意义。

一、衔接基础阶段的教学和双语教学

在教学改革的大背景下，ESP 教学能够在大学英语基础阶段的教学和双语教学的衔接方面发挥重要的作用。ESP 教学之所以能够发挥重要的衔接作用，主要基于以下几方面的原因。其一，从内涵层面对 ESP 进行分析，它属于一门课程，该课程的设置是按照学习者的特定目标和特定需求开设的，学生只有通过这门课程的学习才能逐渐掌握在某一专业化领域中运用英语的能力。其二，从本质而言，ESP 教学属于语言教学的一种类型，其实质在于它和学习者的工作、学习所存在的某一特殊需求的密切联系。上述的这些特性使 ESP 教学在衔接基础阶段的教学和双语教学方面具有了现实的可能性。

从我国当前的课程设置来看，通常都是在大学一、二年级开设大学英语课程，这两个学年往往是以讲授语言技能为主的通用英语的教学，并且在学习材料的选择方面具有十分广泛的特点，没有对某一专业领域的英语词汇、句法以及文体等进行强调。学生在历经两年时间学习大学英语后，到第三学年就开始步入双语阶段的学习。在这一阶段，教师也开始将其侧重点放在专业英语知识的讲授方面，在此过程中，会遇到很多专业的词汇以及表达方式等。如果学生没有积累相应的专业术语，很容易在这一阶段的学习中遇到挫折，更为严重的还会使其对双语学习丧失信心和兴趣。如果基于教师这一角度进行考虑，很多专业课的教师也不可能将语言作为讲授重点，在学生的需求和教师的实际教学之间就存在非常明显的矛盾，这一矛盾使得我们将 ESP 教学引入大学英语后期的教学中成为必然。在英语基础阶段的教学中，英语语言的共核是教学的重心。而在双语教学阶段，获得专业信心和知识等则是教学的关键点。ESP 教学就处于基础阶段的教学和双语教学的中间环节，该环节侧重于专业英语中的语言共核即各类专业所具有共性的一面，并将各大专业学科领域中的共有的语言现象、特点等作为教学重点。

二、有利于英语教学的长远发展

开展 ESP 教学还有利于我国英语教学的长远发展。前些年，国内中学阶段的英语教学普遍存在着教学质量偏低的现象，导致很多刚步入大学的学生英语底子薄弱，整体水平也相对比较低。因此，大学英语教学将主要精力放在基础英语教学方面是有其必然性的。

就目前来看，国内学生的基础水平以及外部人才市场对人才的需求发生了相应的变化。根据最新颁布的《高中英语课程标准》，高中英语课程主要以培养学生的英语综合语言能力为目标，并且要求优秀的高中毕业生的词汇量应达到 4500 个。这与新近修订的《大学英语课程教学要求》所要求的两年大学基础语言阶段学习后词汇量应达到 4500 个相同。除此之外，在高中英语课程的设置中，同样要求开设与大学英语课程相类似的课程，例如报刊阅读、综合英语等。上述这些变化都充分表明当前高中英语教学的目标已经迈向了一个更高、更新的阶段。同时，认为应将中小学课程与大学英语课程接轨的"一条龙"观点，也受到我国外语界的普遍接受和认可。受这种新形势的影响，将 ESP 教学作为我国大学英语教学的主要发展方向也就成为必然，这对我国英语教学的长远发展有着关键性的影响。

三、迎合社会发展所需

ESP 教学适应了经济全球化、文化多元化和科技一体化等时代背景下社会发展的客观需求，特别是我国加入 WTO 后，对外交流扩展到科技、经济、文化等各个层次和领域，进而导致不同行业对既精通业务又具备较强外语能力的人才的需求日益变大，并且社会对外语能力的需求也日益呈现出专业化和多元化的趋势，一般水平的外语技能已经很难适应人才市场的需求。在这种对英语人才所呈现出的应用性、工具性日益明显的背景下，在高校英语教学中强化 ESP 教学就非常重要。

四、学生学习的客观需求

大学生经历了基础阶段的英语学习后，往往只具备最基本的语言技能。事实上，这些基础阶段的学习能为后期的 ESP 教学和学习起到一定的奠基作用，并使学生具备接受 ESP 专业训练的能力。同时，通过对我国当前各个阶段的英语学习情况进行分析发现，学生在英语各阶段的学习中，始终都是在打基础。学习没有止境，打基础也是相对的。但是，当前的很多大学生已经开始意识到社会对外语能力的要求日益提升这一趋势，学生也直接或间接地认识到英语专业知识和实际工作中的应用能力二者缺一不可。这样一来，学生在其学习中也有着比较强的实用性和目的性的要求，并相应地产生了日益强烈的对 ESP 学习的需求和愿望。因此，在教学改革的大背景下，贯彻 ESP 教学能将学生的学习同实际需求有机地结合起来。这样，对学生本身而言，不仅有利于优化其知识结构，拓展学生的知识面，同时能使学生在择业时更具竞争力，缩短其工作的适应期，有利于学生实现最终的学习目标。

第三节　大学英语 ESP 教学的创新路径

一、创新教学目标，完善教学设计

推进高校 ESP 教学的改革，要创新教学目标，确定教学内容和完善教学设计。教学内容的设计受教学目标的影响。高校 ESP 教学是基于学术知识和专业知识相融合的基础上的，因此教学内容可分为学术知识和专业知识两大部分。学术知识指的是英语理论知识，专业知识指的是学科专业英语知识，二者密切相关，不可分离，前者是后者的基础，而后者是前者的开展应用。高校 ESP 教学就是要实现二者的融合。具体来讲，可以根据学生的实际情况和学科的特殊用途来设计课程，对传统的英语教学内容重新加以安排，并将专业学科内容巧妙地安排到教学中，进而满足学生的需求和提高学生的英语应用能力。

在具体的教学过程中，采用渗透式教学和分层次教学相结合的方式，有助于学生适应教学模式的转变。渗透式教学和分层次教学相结合就是综合设定高校四年的 ESP 教学目标，在大学一、二年级进行 EGP 教学，培养学生基本的英语技能，同时渗透 ESP 教学，以大学三年级为节点进行 ESP 教学，根据不同专业需求设置相应的 ESP 课程，满足学生的专业发展需求。

在设计教学活动时，要注意将教学内容与语言提高紧密地结合起来。教师可以鼓励学生通过小组合作学习的方式来学习。合作学习强调知识建构，教师可在对教学内容充分了解的基础上，创设一定的语言情景，让学生在小组谈论过程中积极建构专业知识，不断提高语言的应用能力。其中，创设真实的语言情景能帮助学生明确学习英语的目标，激发学生学习的兴趣，培养学生发现问题、解决问题以及提高学习的能力，进而实现教学的目标，提升教学的效果。

二、充分利用空间，建立多元交互的课程体系

实现课程设置与教学风格相统一，是有效开展高校 ESP 教学的前提，因此教师需要在高校 ESP 课程设置上投入一定的时间和精力。具体而言，应注意以下两点。

其一，充分利用必修课与选修课。例如，可以对大学一年级的新生进行英语摸底测试，测试通过的学生可以直接接触 ESP 课程，根据自己的英语水平、个人专业和兴趣爱好选择专业英语。此外，可以按照难易程度对课程进行划分，简单的课程可作为必修课的补充课程，供时间充足的学生选修，难度较大的课程可作为大学三年级的选修课程。不同的高校可以根据自身的具体情况进行合理安排。

其二，建立多元交互的课程体系。多元交互的课程体系以 EGP 教学为基础，目的是巩固学生的基础知识，以 ESP 教学为核心，目的是摆脱传统应试教育的束缚，使学生接触和了解学术英语和职业英语，培养学生的实践能力。同时，在此基础上设置跨文化交际课程，拓展课程范围，丰富教学内容，利用基础英语、学术和专业英语来帮助学生了解中西文化的特色与差异，培养学生的人文素养，提高学生的跨文化交际能力。这样，"EGP—ESP—多元化"交互课程体系就建立起来了。

三、利用现代化教学手段，拓展学习空间

随着多媒体、网络技术的发展，学生获取知识的途径越来越多样化，不断涌现碎片化的学习机制，这些变化都对高校 ESP 教学产生了不小的影响且具有启示作用。

其一，要充分利用现代信息技术手段开展教学。高校 ESP 教学是为了培养具有国际视野的复合型人才，因此教师在具体的教学中要合理运用多媒体、网络技术，综合现代化教

学模式，如微课、慕课、翻转课堂等，丰富教学手段，拓展教学渠道，更新教学内容。

其二，要营造学习氛围，拓展学习空间。让学生身临其境地感受和学习英语知识，有利于学生转换角色，适应专业需求。例如，商务英语就需要在商务环境中进行学习，可采用情境法模拟商务场景，培养学生的商务能力。

四、注重教材的多元化，开发辅助资料

教材是学习的重要载体，也是教学体系中的重要组成部分。当前，很多高校 ESP 教学处于辅助地位，主要的原因就是缺乏科学完善的 ESP 教材，英语基础知识和专业知识不能密切关联，教师无法系统深入地开展教学，因此开发 ESP 教材是完善 ESP 教学的重要途径。各高校可以根据教学大纲、学校宗旨、办学条件、专业特点和学生需求等选择合适的教材。目前，我国高校 ESP 教学尚处于初步阶段，还没有相对健全的 ESP 教材，对此高校可根据自身情况，组织英语教师和专业教师合作编写 ESP 教材。在具体的编写过程中要注意以下几点内容。

首先，教材应具有衔接性、专业性、针对性和实用性。高校 ESP 教学是由多个模块课程构成的，在编写教材时，要确保不同模块课程的衔接性。此外，高校 ESP 教学的性质也决定了其教材内容要具有专业性、针对性和实用性，要充分考虑学生和市场的需求，突出教材的专业性和实用性特点。

其次，教材应融合专业性和趣味性，同时兼顾职业性要求。所编写的教材不仅要有利于学生学习专业知识，还要具有趣味性，能够激发学生的学习兴趣，实现寓教于乐。

最后，开发利用辅助性资料。仅仅依靠教材，是难以实现教学效果的提升的，还应开发运用相应的配套资料。因此，在编写 ESP 教材时，应注重辅助性资料的开发。具体而言，可以设置开放性的教材体系，建立基于信息技术平台的 ESP 学习资料库，将有关专业的语料囊括进去，丰富 ESP 学习资料，保障学生学习资料的丰富性和真实性。

五、校内校外实训相结合

语言学研究表明，人的语言能力如果停留在认知水平上是很容易遗忘的，语言能力必须通过语言行为才能得到不断强化和保持。学生要能使用所学过的语言，并拓展到新的语境中，还要作为一名语言使用者，根据实际需求创造新的话语。这是英语实践运用能力的

重要表现，也是高校英语教学的最终目标。高校教学在突出"应用"教学特色的过程中，强调专业教学要进行实践训练，组织学生经常练习技能，到现场实施教学，提高学生的动手能力，实现高校毕业生的高就业率。高校 ESP 教学作为培养职业技能和素质的课程，在教学改革过程中也应当改变"重理论、轻实践"的思维，要将校内实训教学与校外实训教学结合起来。

六、提升教师教学能力，加强师资队伍建设

高校 ESP 教学对教师提出了更高的要求，教师不仅要掌握相关的专业知识，而且要具备 ESP 教学的理念和方法。对此，高校英语教师应转变观念，学习研究某个学科专业的基本知识、原理，掌握专业知识理论框架，了解各学科之间的联系。

此外，教师应钻研 ESP 教学的方法，提供给学生与专业相关的学习材料，设计符合学生语言水平、专业水平的任务。对于学生已经完成的任务，教师需要及时做出评价，并给出意见。

总体而言，相较于 EGP 教学，ESP 教学更能有效地培养学生的英语应用能力，更能满足学生的发展需求和社会对英语人才的需求，所以 ESP 教学已经是高校英语教学发展的必然趋势。高校英语教学应有意识地融入 ESP 教学理念和思路，并采用相应的 ESP 教学策略，提高学生的英语综合素质，使学生发展成为满足国家、社会和时代要求的应用型人才。

▶ 第四章

语用学理论指导下的大学
英语教学改革

大学英语教学的目的在于提升学生的语言应用能力，使学生能够恰当地运用这些理论进行交际。就这一意义而言，语用学与大学英语教学在研究目标层面是存在一致性的。因此，利用语用学的相关理论对大学英语教学改革进行指导是非常有必要的。本章就这一相关问题进行了分析和探讨。

第一节　语用学的定义

语用学是一门系统性学科，是语言学的一个重要分支，其主要是对语言的运用与理解进行分析。为了能够更好地将语用学理论运用在大学英语教学中，就必然需要了解什么是语用学。本节就语用及语用学的定义进行了探讨。

一、语用

语言使用的目的在于交际，是传达思想、交流情感的方式。因此，人们在运用语言时会选择适合的语境、采用不同的语言方式，传达自身所要表达的内容，并保持人际关系。

需要指出的是，要想保证交际的顺利展开，仅依靠基本的词汇、语法是远远不够的，还需要掌握一些非语言知识，如百科、文化背景等。另外，发话者还需要在交际的过程中不断合理调整语言的形式与策略。可见，语言交际是一门学问，并且基本的能力与恰当的策略对于交际的展开是不可或缺的。

在日常交际中，一些信息可以直接被理解，而有一些信息却隐含在语言之下。例如：

Teacher：What's the time?

Student：My bike was broken.

上例是教师与学生之间的对话，教师非常生气学生迟到了，问："现在几点了?"但学生并没有给予直接的回答，而是说"车子坏了"，言外之意就是说"因为车子坏了，所以才迟到的"。其实这样的回答已经提供了相关的信息，看似答非所问，但是教师转念一想就可以明白。

在交际过程中，语境条件是影响交际的重要因素，能够体现出交际者的能力。在日常交际中，一些话语看似不相关或者关联性较差，但是从语用学角度分析是可行的。例如：

Husband：How about?

Wife：The data has been taken away.

通过分析可知，上例中妻子和丈夫有着共知的信息，因此丈夫通过两个词就可以让妻子理解。对于外人来说"How about?"仿佛句子没有说完，也不可能理解，但是对于拥有共知信息的妻子来说，是非常容易的，因此在说话时丈夫省略了后面的内容。

很多时候，尤其是与陌生人进行交际时，语境信息往往表现为客观的环境。这时，交际方需要根据推理来理解。例如：

Passengers：I want to check my luggage.

Flight attendant：The luggage office is in the west side of the second floor.

表面上看，上例中旅客是向服务员描述一种信息，但仔细分析可知，旅客是在向服务员寻求帮助，询问行李处的具体位置，服务员推测出旅客所要表达的意思，给予了旅客具体的位置，使交际顺利达成。

另外，在日常交际中，很多话语并不是为了传达信息，而仅仅是为了维护人际关系。从语义的角度分析，这些话可能是无意义的，但是从人际交往的角度来说，这些话是必不可少的。例如：

A：It's fine today, isn't it?

B：Yeah, really fine.

上例是英国人和美国人的一种常见的寒暄方式，类似于中国人所说的"吃了吗?"表面上看，两人是在谈论天气，实际上他们并不关心天气，只是作为交际的开场白而已，因此这样的话并没有什么信息量，但是这样的开启方式有助于搞好人际关系。

总之，上述这些例子在日常生活中十分常见，这些都是语用的范畴，并且类似的现象也都不是无缘无故产生的，其与特定的语境有着密切的关系。

二、语用学

对于什么是语用学，不同的学者有着不同的认识，这里仅列举一些有代表性的学者及观点。

语用学是语言学的一个分支，因此其与语言学的其他学科有着密切的关系。著名学者格林认为，语用学是包含语言学、文化学、人类学、心理学和社会学等学科在内的一门交叉学科。因此，要想知道什么是语用学，必然需要从不同角度进行分析。

这里列举一些莱文森提出的具有代表性的定义，以便帮助读者从中总结语用学关注的普遍问题及其涉及的普遍因素，进而加深人们对语用学的理解和认识。

(1)语用学探究语言结构中被语法化或被编码的语言与语境之间的具体关系。

(2)语用学对语义学理论进行研究，但其中不包含意义层面。

(3)语用学研究语言理解中必需的语言与语境之间的关系。

(4)语用学对语言使用者能否将语句与语境相结合的能力进行探究。

托马斯指出，语用学研究一方面要考虑发话者，另一方面要考虑交际方，还应考虑话语的作用与影响意义等其他语境因素。简单地说，语用学的研究对象是发话者与交际方之间、话语与语境之间的互动关系。

布莱克莫尔等人从话语理解的角度对语用学进行界定，认为交际方的语言知识与世界百科知识之间是存在差异性的，这种差异包含了语义学与语用学的差异。

事实上，在什么条件下，发话者会对具有特定意义的某个话语或结果进行分析与选择；在什么条件下，交际方会运用某种技巧或方式对意义进行理解，为何会选择这一方式。对于这些问题的分析，都属于语用学的范畴。

第二节　语用学理论概述

近些年，语用学的研究在不断深入，并且探讨的范围也在不断扩大，因此形成了很多语用学的相关理论，主要包含宏观语用学与微观语用学。这里就这两种语用学所包含的层面进行探讨。

一、宏观语用学理论

宏观语用学是语用学研究过程中的一个重要流派，其研究包含很多与语言运用、语言理解相关的内容。宏观语用学除研究语言使用语境等内容外，还拓展了非常前卫的视野。从宏观角度来说，语用学翻译研究已经向对比、词汇、语篇、修辞、文学、认知和社会等多个层面拓展。

(一) 对比语用学理论

语言之间的比较有着悠久的历史，自从语言研究诞生以来，语言之间的比较就已经存在了。通过对两种语言进行对比研究，才能揭示出不同语言在功能、形式和结果等层面的差异性。

随着对比语言学与语用学研究的深入，产生了对比语用学，其研究始于 20 世纪 70 ~ 80 年代，其研究方法为对比语言学注入了新的活力。在语言学中，对比分析往往侧重语法层面，两种语言可以进行比较，而在其使用上也可以进行比较，这种使用上的比较即为"对比语用学"。

著名学者陈治安、文旭指出，语用对比的内容包含如下几点。

(1)对比英语、汉语两种语言的语用学的基础理论。

(2)在英语、汉语两种语言中，语用原则运用的对比情况。

(3)在英语、汉语两种语言中，社交用语的对比情况。

（4）在英语、汉语两种语言中，语用环境与语用前提的对比情况。

（5）言语行为的跨文化对比研究。

（6）语用移情的对比差异及在各个领域的具体运用。

（7）英汉思维、文化和翻译中语用策略的运用。

事实上，对比语用学丰富和拓展了跨文化语用学，可以说是跨文化语用学的延伸，其比传统语言学的对比分析更为系统和全面。

（二）词汇语用学理论

词汇语用学，顾名思义就是将词汇意义作为研究对象，在词汇中融入语用机制、语境知识等，对词汇意义在使用过程中的机制与规律进行分析和探究。

在国外的语言学研究中，词汇语用学是非常重要的领域，其主要侧重于研究语言运用中的不确定词汇意义的处理问题。其研究的范围也非常广泛。

著名学者陈新仁、冉永平等人认为，在一些固定的语境中，本身明确的词汇意义却由于发话者表达意图的改变而不断进行着改变，因此在理解话语时，需要进行词汇信息的语用处理与调整，最终确定语用信息。

人们在探究词汇意义时，发现词汇不仅有本身意义，还会涉及多种语用条件因素，它们会给予词汇更深层次的意义，这就是所谓的语用意义。这些意义与本身意义存在着明显的区别，并且只有置于一定的语境中，人们才能理解这些深层的语用意义。

冉永平认为，在交际中，很多词汇及词汇结构传递的信息往往不是其字面意义，往往与其原本的意义有区别。在语言运用中，人们往往会创造与合成新词，或者直接借用其他语言中的词汇。在这一情况下，要想理解话语，首先就必须借用具体的语境，从而获取该词汇的意义。例如，英语中 operation 本身含义为"劳作"，但是在工业机械中，其意义为"运转"；在医学中，其意义为"手术"；在军队活动中，其意义为"战役"。

另外，对语用信息的加工有两个过程：一是语用充实，二是语用收缩。语言的变异就是基于一定的语境来理解语用的充实与收缩的。词义的延伸与收缩都可以看成不同的语用认知推理过程，是人们基于一定的语境对具体词义进行的扩充与收缩加工，从而明确词汇的含义。这为词汇的翻译提供了重要的依据。

（三）语篇语用学理论

语篇语用学是基于语言类型学、语篇语言学等发展起来的。随着语篇语言学的发展，人们对语言的研究跳出了传统语义学、语法学的研究范畴，将重心转向了语篇层面的研究。

语篇语言学有着悠久的历史，甚至可以追溯到古典修辞学与文体学的研究时期，其不仅对语篇内部所涉及的语言现象进行研究，还对语篇外部的语言现象加以研究，如语言运用的场景条件等，这就使得语篇成为语用学研究的对象。

20 世纪 70 年代初期，一些语用学家将注意力放在了语篇的交际功能上，并将语用要素置于语篇描写中，提出语篇描写的目标应该是语用。之后，"语篇语用学"这一术语诞生。

随着语篇语用学的不断发展，言语行为理论、会话分析理论等都对其产生了巨大的作用，尤其是言语行为理论。这是因为言语行为理论指明语言是用来实施行为的，这为语篇分析提供了重要的依据，因此对语篇语用学影响深远。

著名学者布朗等人从语用的角度出发来分析语篇，他们指出语篇分析包含对句法与语义的分析，语篇不是一种产品，而是一个过程，是对交际行为展开的言语记录。

此外，语篇语用学还将研究的重心置于特定语境下的话语意义上，以及在特定语境下，这些话语意义产生的效果，并分析语言的结构与功能、语篇与交际。

（四）修辞语用学理论

随着语言学的深入研究，修辞学也转向跨学科研究，而基于修辞学与语用学两大学科，修辞语用学诞生。从学科渊源上来讲，修辞学与语用学的结合源自古希腊时期，学者亚里士多德提出了修辞语用模式。

在亚里士多德看来，每个句子都有存在的意义，但并不是所有的句子都是陈述型的，只有能够对真假加以判定的句子才属于陈述型句子。

在修辞领域中，人们重视和研究了两种修辞翻译观，具体分析如下。

第一种认为修辞学是对文字进行修饰与润色的手段，目的在于划分与使用修辞格。这类观点得到了西方学者的认可，并从中世纪以来占据重要的地位。但是，其也导致了明显的不良后果，即使得传统修辞学走向没落。

第二种认为修辞学是对语言展开艺术性选择的一种手段，其侧重于研究词汇与文体、句子与文体等的关系。这一观点在 20 世纪 60~70 年代在我国受到了重视和发展，我国著名学者王希杰、吕叔湘等人都推崇这一观点，并在其研究中获得显著的效果。

将修辞学与语用学相结合恰好是第二种观点的体现。另外，这二者的结合还与哲学有着密切的关系，随着二者不断的交融，修辞学与语用学逐渐形成了一些相通之处。

(1)修辞学与语用学都将言语交际视为重要的研究内容，即研究方向、研究客体是一致的。具体来说，二者都研究语言在言语交际中的运用情况，并分析了两门学科应该采取怎样的具体策略实现交际。

(2)修辞学与语用学在探讨研究对象时，都会将语境囊括进去，即将语境融入二者的研究对象中，以此分析言语交际中出现的具体问题。

当然，除相通之处，修辞学与语用学也有各自的特点。

(1)修辞学主要研究语言的综合运用情况。

(2)语用学强调语言的具体使用情况，并且在对语言使用进行分析和探究时必会涉及修辞。

总而言之，修辞学与语用学这两门学科相辅相成，二者相互促进、相互借鉴，从而获取更大的研究成果。

(五)文学语用学理论

随着文学与语用学两门学科的不断发展，诞生了文学语用学，其是文学与语用学二者的结合。对于"文学语用学"这一术语，最早是由美国语言学家特拉格特和美国文学语言学家帕拉特于 1980 年提出的。1987 年，芬兰科学院设立了"文学语用学"研究基地，并专门召开了以"文学语用学"为主题的研讨会，至此文学语用学真正地进入人们的视野，很多学者对其进行了研究，并出版了很多相关的著作与论文。至今，文学语用学的研究仍在继续，并且在不断地深入与拓展。

(六)认知语用学理论

认知语用学从诞生之日起，就被视为认知科学的一项重要组成部分。要想了解认知语用学，应先分析认知语言学。

认知语言学这一术语最早出现在 1971 年，其被认为是对大脑的语言机制加以研究的学科。目前所提出的认知语言学指的是 20 世纪 70~80 年代的认知语言学，是一个新兴的语言学流派。

认知语用学是在认知语言学的基础上诞生的，出现于 20 世纪 80 年代中期，是一个新兴的边缘学科。1986 年，以"语言使用的认知"为主题的研讨会在以色列召开，吸引了很多学者参与，并且提出了从认知语用的角度对语言的使用问题加以研究的观点。自此，认知语用学进入大众的视野。

那么，如何定义认知语用学呢？目前，对于认知语用学的定义还不统一，但是人们也不能否认其存在。例如，言语行为、指示语等语用现象的交际意义超越了语言的编码信息，这就是通过认知心理而产生的意义，这样的信息处理过程本身也属于认知过程。因此，有学者将认知语用学定义为一门超符号学，即研究符号与交际意图在历史过程中逐渐固定化的关系。对于这样的定义，自然有其道理，但是这样的概括在其他学者看来又过于简单，并且并未触及认知语用学的本质。之后，格赖斯、斯铂伯、威尔逊等人指出，语用学存在认知基础，并且对超句子信息的处理与研究意义重大。

在方法论、研究目的等层面，认知语用学也具有心理语言学的特点，尤其对于交际双方如何进行语言生成与理解给予了特别关注。认知科学是对感知、注意力和语言等认知现象的交叉研究，强调对信息的组织、处理与传递等的研究。认知语言学建立在体验哲学观的基础上，因此其包含的认知语用学也具有一定的哲学基础，即认知的无意识性、心智的体验性与思维的隐喻性。

另外，认知语用学近些年的研究成果也体现出语言运用是由交际双方的相互假设与推理、特定语境的了解程度、关于语言运用的认知语境假设等决定的。无论是言语现象，还是非言语现象等的运用，都是非常重要的认知现象。例如，关联论就是一种交际与话语理解的认知理论，其将理解视为需要推导的心理学问题，并受到单一认知原则的制约。在西方语用学者眼中，关联论是认知语用学的基本理论框架，并且为认知语用学的进步带来了生机。

（七）社会语用学理论

20 世纪上半叶，认为语言本体是语言学研究的主要对象，但是其忽视了语言运用与语言理论运用的研究。随着社会语言学、心理语言学和语用学等学科的兴起，语言学开始研究言语规律和言语机制。社会语用学就是在这样的背景下诞生的，其融入了语用学、社会语言学、修辞学等成果，对言语规律、语言运用加以关注，并采用社会学、语用学的理论与社会实际，对语言现象加以研究。社会语用学揭示出社会因素对言语过程的影响，其范围非常广泛，涉及人际交往、新闻传播和社会命名等方面。

社会语用学的基本出发点在于将语言视为一种社会现象，而语言的根本属性之一就是社会性，语言随着社会的发展而发展，并随着社会生活的改变而不断演变。

社会语用学非常注重社会情景变体。学者利奇将语用语言学与社会语言学进行了区分。语用语言学主要强调某一语言所提供的以言行事的具体材料，社会语言学则强调在具体社会条件下，语言运用及言语行为发生的变化。从侧面来说，社会语用学是语用学对社会学的研究，其研究语言的社会性本质，对语言结构、语言运用予以密切关注，并分析社会因素对语言产生的制约与影响。在研究方法的运用上，社会语用学基于传统定性研究，将定量分析与定性分析相结合，这种做法是对语言研究方法的改进，对语言研究意义重大。

总体来说，社会语用学的主要任务在于帮助人们成为优秀的语言运用者。在道德层面，社会语用学更强调使用者要注意自己的言行，提升自我意识，构建和谐的语言运用环境。

二、微观语用学理论

除了宏观语用学，微观语用学也是语用学研究的一个重要层面。微观语用学主要涉及语境、预设、指示语、言语行为、会话含义、礼貌原则、关联理论、顺应理论和模因理论等内容。下面选取其中几个层面做重点论述。

(一)语境理论

语言的运用与语境有着密切的关系。英国人类学家马林诺夫斯基认为，要想理解发话者的意思，就必须将话语与语境结合起来。从马林诺夫斯基的观点中可知，语境对于语言的理解非常重要。

英国语言学家弗斯对马林诺夫斯基的观点进行了继承与发展，并提出了自己的语境思想。在弗斯看来，语言与语境、上下文之间都存在着必然的联系，这就是上下文语境与情景语境。除此之外，语境还包括语用人的言语活动特征、语用人特征等。当然，除了交际双方共有的语用知识，语境还涉及语用人的地位、作用、语言发生的时间与空间、与语言活动相适应的话题等。

基于弗斯的观点，英国语言学家莱昂斯提出，话题对于方言的选择、交际媒介的恰当运用有着至关重要的作用。

韩礼德认为，语言会随着语境的改变而不断发生改变，韩礼德对于语言与社会的关系非常重视，认为语境属于一种符号结构，是文化符号系统意义相聚而成的，这种观点呈现了语境的动态特征。同时，韩礼德还认为语境这一符号结构包含三个层面。

第一，语场，即发话者运用语言描述整个时间，是有意识的语言活动，也是话题的呈现。这也表明，交际双方处于不同的语境，他们谈论的话题也必然不同。语场对交际的性质、话语范围起着决定性的作用，同时影响着词汇与话语结构的选择。另外，语场也指引着话语的发展情况，语言不同，话语形式也必然不同。

第二，语旨，即语言交际双方在交际过程中或在社会语境下所扮演的角色以及彼此之间的角色关系。当然，这些关系与人际功能呈现对应关系，并通过语气系统加以体现。对于交际对象，是非常看重语旨的，即如何向对方传达自身的所见所闻。

第三，语式，即语言在情境中的功能与组织形式，包含上文提到的交际双方的地位与交际关系以及交际者的发话目的。语式对于话语的衔接与主位结构是非常重要的。

除了西方学者外，我国学者对语境也进行了研究。《辞海》中指出，语境即交际双方所面对的现实情境，也可以称为交际的场合。

我国学者郑诗鼎提出，就语言学的角度来说，语境可以划分为两类：一类为社会语境，另一类为言辞语境；从社会学角度来说，语境也可以划分为两类：一类为主观语境，另一类为客观语境。

学者张志公认为，交际双方的场合及前言后语是对语义产生直接、现实影响的语言环境。从大的层面说，语境可以指代一个时代、一个社会的性质与特点；从小的层面说，语境可以指代某个个体的文化认知、生活经验等。

笔者认为，语境可以概括为三个含义。

第一，语境指语言产生的环境，可以是内环境，也可以是外环境。

第二，语境指从特定语境抽象来的、能够影响交际双方的各种相关要素。

第三，语境指交际双方所共同存在的交际背景，既可能是共同的知识，也可能是共同的文化等。

分析完什么是语境后，下面重点探讨语境的划分，因为这是认识语境本质的关键层面。从宏观角度来说，语境可以划分为如下六种：

1. 语言语境

所谓语言语境，主要涉及词语搭配、前言后语及由此构成的工作记忆与短期记忆、关键词与话语蕴含的知识等。例如：

（语境：修理部，A 递给 B 一把螺丝刀，并指向洗衣机的后盖）

Open the washing machine！

在这里，open 的意思是打开洗衣机的后盖，当然这显然是通过前面的语境获得的，可能 A 对 B 已经说过了。

The washing machine is making a loud rattling sound.

正是由于这一语境前提，B 很容易理解用螺丝刀去打开后盖检查一下，也明确了 open 的范围。

在所有的语言语境中，上下文语境是最为常见的一种，使用范围非常广泛，即通过上文，就可以获知下文信息的意义。对于这种语境，主要包含短语语境、句子语境、段落语境和语篇语境。除此之外，还有一种最小的语言语境，就是搭配语境，其有助于落实字词的含义，并将这些字词含义进行具体化处理。例如：

这是一件浪漫而痛苦的事情。

她是一个漂亮而聪明的女孩。

对于汉语中的这两句话，"而"的意思并不同，前一句"而"的前后词是矛盾的，后一句"而"的前后词是并列的，因此在翻译时应该多加注意。

2. 物理语境

物理语境属于一种语言系统外的因素，即在进行语言交际时，处于交际双方之外的，但是对交际双方的交际话语产生重要影响的一种语境，如交际场所、交际时的天气、空气中的气味、交际双方的身体情况等。例如：

（语境：A 与 B 在卧室一边看电视，一边聊天）

A1：《越狱》与《吉尔摩女孩》哪一个更好看？

A2：我喜欢看《越狱》，因为每一集的结尾都会给人留下悬念，让人难以释怀。

B1：好像拍到第二季和第三季就比较拖沓了。我比较喜欢《吉尔摩女孩》，是说单亲母女的事情，很注重细节，也很有人情味。

B2：那我有空……我现在要出去一下。

通过分析这段话可知，B2 显然是被某些情况干扰了，如图 4-1 所示。

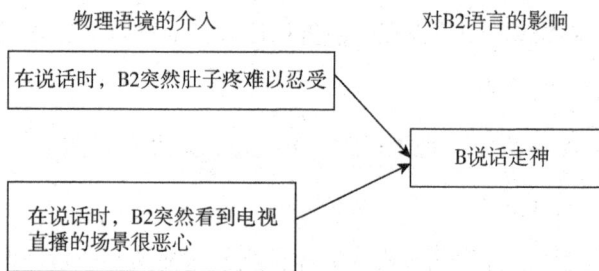

物理语境的介入　　　　　　　　　　对B2语言的影响

在说话时，B2突然肚子疼难以忍受

B说话走神

在说话时，B2突然看到电视直播的场景很恶心

图 4-1　物理语境介入的情况示例

换句话说，物理语境会对发话内容、发话方式、他人理解产生一定的影响。

3. 文体语境

文体语境主要从不同的语境角度对文体加以判断。具体来说，文体语境主要表现为三个层面。

第一，力求对语境进行详细、全面的介绍。

第二，在语境中凸显最主要的部分。

第三，采用折中手段。

4. 情景语境

所谓情景语境，是指在交际行为发生过程中的实际语境。

5. 自然语境

交际行为的发生必然与自然环境密切相关，自然语境就是对这类环境的总称。

6. 认知语境

所谓认知语境，是指语用人在知识结构中构建的知识单位、知识单位间的衔接习惯、知识单位衔接的逻辑方式。在对话语信息进行处理时，话语中相关词语会从语用人固有的知识结构或认知语境中将相关的记忆内容进行激活，从而提升对信息的处理效率，并得出与语用人话语相关的解释。

在日常话语中，运用与理解话语所包含的已经系统化、结构化的百科知识就属于认知语境的内涵，或者语用人已经认知化、内在化于头脑中的关系典型与概念典型。基于这些典型与认知，语用人在对这些信息进行处理时，就是先对语言符号的字面含义加以充实，再从认知层面对其进行补充。换句话说，交际双方在交际过程中，话语的生成往往会受到经济原则的影响与制约，发话者产生的话语也并不是完整的。很多时候，交际中的话语信息会超越其字面意义，是一种超载信息，并且需要交际者经过分析才能推导出发话者的意图。这时的推导其实就包含了认知的性质。

如前文所述，语言表达本身也具有信息的不完整性，其字面含义一般很难满足交际的需求，语用人必须经过推导才能真正地达意。当然，在对话语进行推导的过程中，语用人有时候并不需要依赖物理语境，他们可以自觉或者不自觉地采用已经认知化、内在化的语用知识来理解与解释。例如，当有人说道"他喝多了"这句话时，如果没有具体的语境介入，那么一般人都会认为是他喝酒了，而且喝得很多，就理所应当地认为"喝"就是指喝酒。但是，当有具体的语境介入时，这种内化的常理解释往往会被推翻，如可以说："他又喝多了，只见他总是跑洗手间。"这样的介入就可以将"喝"理解为喝水。

认知语境中的常规语用知识就是人们储存的知识状态。当人的大脑输入信息后，那些有用的信息会被储存下来，但是这些储存往往会经过整理，并不是杂乱破碎的，而图式性的信息处理，就是将知识系统化、结构化的过程。换句话说，知识的存储是以框架、脚本、草案、图式和表征等状态存储的，在语言运用的时候，这些知识就会被激活，从而让人们有效地选择使用。

当知识被激活后投入使用时，一般会采用两种方法。

(1)话语中的有关词语仅对固有知识的某一部分进行激活，但是通过这一部分，语用人可以激活其他部分，进而推导出整个知识所包含的信息。

(2)如果话语中的有关词语激活的固有知识不仅是一个，甚至是两个以上时，那么这些知识需要由逻辑连接而成，而连接的方式往往先连接近的，再连接较远的。

请看下面的几段对话。

A：Why didn't drive to work today?

B：I can't find my keys.

分析上述对话，"车"的知识使整个对话连贯起来。在"车"的图式中，"方向盘""座椅""钥匙"都是其必备的部分，其中钥匙是点火的必需品。因此，B说找不到钥匙，那么

A 就很容易理解这个钥匙就是所谓的车钥匙，而不是房子的钥匙或者办公室的钥匙等。因此，车的钥匙就说明了 A 与 B 具备同一认知框架。再如：

A：I sprained my wrist.

B：Let's go to the hospital just now.

在这个段话中，"手腕扭伤"与"医院"将整个框架激活。为什么 A 说手腕扭伤，B 的回答是去医院呢？显然，这是最常理的处理方式，也是根据人的经验逻辑自然形成的，并且这两个连贯具有相邻性的特征，很容易被人联系起来。又如：

A：I sprained my wrist.

B：Let's go to the cinema just now.

乍一看，上述对话并无关联，甚至说关联的认知较远，这时就需要更多的语境介入，如 B 知道 A 喜欢看电影，因此 B 的提议可以让 A 减轻因手腕疼痛而产生的不愉快，是对 A 的一种安慰。这样，两个不相关的话语就串联了起来。

除此之外，笔者认为语境可从两个方面来理解，如图 4-2 所示。

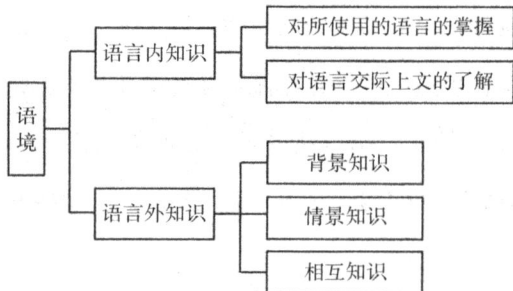

图 4-2 语境的内涵

从图 4-2 中可知，交际语境的内容比较复杂，并且是动态性的，因此语用人需要用动态的眼光来理解与处理语境。

（二）指示语理论

在语用学研究中，指示现象的研究是比较早的，主要研究的是如何采用语言形式对语境特征进行表达，以及如何依靠语境对话语进行分析。对指示语进行分析和探讨，有助于交际双方更好地开展交际。

指示语，英文为 deixis，指运用语言来指点与标识。对指示语进行研究，能够确定交际信息与所指示的对象，便于交际。当然，要想理解语言，就必然需要依靠语境，而指示语能够通过语言结构，将语言与语境间存在的必然联系体现出来。基于这一点，很多人认为语用学研究就是对指示语的研究。可见，指示语的研究有着十分重要的地位。

指示语与人们的生活密切相关。著名学者巴尔–希列尔曾指出，在自然语言中，指示语是固有的，是不可避免的特征。人们在日常交际中，必然都包含各种指示语的信息，明确了具体所指，那么话语含义也就清晰了很多。例如：

Lily has put it there.

在上述句子中，"Lily""it""there"是明显的三个指示语，要想明白这句话，就必须弄清楚这三个词，即 Lily 是谁，it 是什么，there 是在哪里。

由此可以看出，如果在日常交际中，交际双方不能明确这些指示信息，必然会对交际产生负面效应。

了解了指示语的内涵后，我们下面重点来论述指示语的主要类别及各自的功能。指示语主要可以划分为五大类，具体如下所示。

1. 人称指示语

人称指示语即在语言交际中，表示参与者之间的关系。很多人将人称代词等同于人称指示语，这是不全面的，因为很多时候，语法意义上的人称代词不需要与语境相关联。一般来说，人称指示语可以划分为三类，如图 4-3 所示。

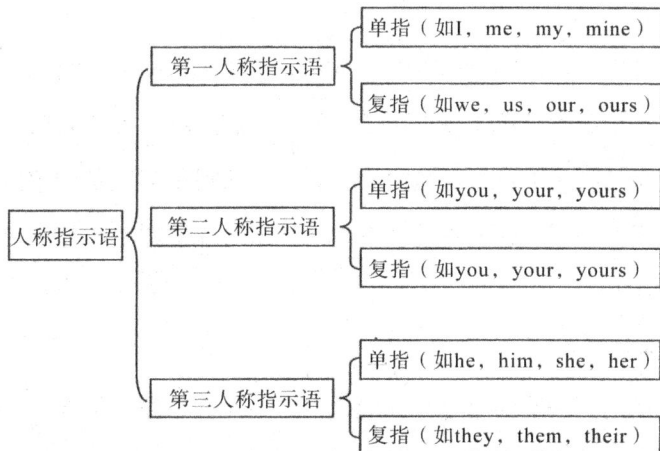

图 4-3　人称指示语的划分

在语用学研究中，第一人称指示语有着重要意义，看起来是非常简单的，实则非常复杂。一般来说，第一人称指示语主要指的是发话者，既可以单指，也可以复指。但需要注意的是，有些第一人称从形式上是单数或者复数，但是从语用角度说，可能表达的不仅仅是字面的意义。例如：

What are we supposed to do?

这句话在日常交际中非常常见，很多人也认为"we"是复数形式，但是在不同的语境中，其语用意义是不同的。例如，这是班长代表全班对授课教师提出的意见，那么 we 就不包含授课教师；如果这是一位母亲对弄脏衣服的孩子说的话，那么 we 仅代表孩子。

第二人称指示语的中心在于受话者。第二人称指示语的交谈对象可以是在场的，也可以是不在场的，而 you 既可以是单数表达，也可以是复数表达。例如：

I'm glad that all of you received my invitation.

上例中，you 显然为复数表达。

第三人称指示语主要指的是发话者与受话者外的其他人。第三人称代词常用于泛指或者照应，偶尔会用于指示。例如：

Let him have it, Chris.

在没有语境的情况下，不能确定上例中的 him 和 it 所指代的对象。him 可能是指 Bob、John 或者其他人，it 也可能是指一台照相机和一块巧克力等，而话语意思也就随着指代对象的变化而改变。

2. 地点指示语

地点指示语又可以被称为"空间指示"，指的是人们通过话语传递信息与实施言语行为的位置或地点。地点指示信息源于话语中谈及的方位或交际双方所处的位置。就物理学角度来说，物体的方位具有客观性，但是由于交际双方的视角与所处的位置不同，加上一些动态助词的参与，因此为了表达的准确，不得不根据语境采用一些地点指示语。例如：

She is behind me.

I'm in front of her.

对于上述两个例句，基本信息是相同的，但是不同的主体，视角并不相同。因此，只有结合语境，才能确定所指信息，只根据言语的表面意思是很难确定的。

3. 时间指示语

时间指示语，即人们通过话语传递信息与实施言语行为的时间关系，其往往将发话者的话语时间作为参照。英语中的 now、tomorrow 等都属于时间指示语。但是由于语境条件不同，发话者运用时间指示语表达的指示信息也必然不同。要想准确理解时间指示语的内容，需要将多个层面的因素考虑进去。受话者也需要从发话者运用时间指示语的类别、动词时态上加以理解与确定。例如：

Now it's 9：30 by my watch.

I'm free now.

对上述两句话中的 now 进行分析可知，两者的意义不同，第一个句子采用了固定含义"现在的时刻"，而第二个句子则指的是"更大的范围"，如这个月、这个假期等。

当然，为了更好的对时间指示语有所了解，对于历法时间单位和非历法时间单位的区分显得非常必要，如表 4-1 所示。

表 4-1　历法时间单位和非历法时间单位比较

比较项目	历法时间单位	非历法时间单位
定义	在固定的历算系统中，按一定的规则所划分的年、月、星期、日等时间单位	一定进位制系统中的时间单位，可按照相应的进位制规则加减
特点	每一单位都有固定的称呼，表示特定时间段 大时间由一定数量的特定小时间段组成 起点和终点不可随意改变	每一单位没有固定称呼，只表示相应的长度 大时间段由小时间段累加而成 起点和终点不固定，可任意选择
表达方式	专有名词或普通名词	普通名词
例词	Year 2013, July, summer, September, Thursday, morning	5 years, 4 seasons, 1 day, 5 months, 8 weeks

通过分析表 4-1 可知，year 既可以指代历法时间单位"年份"，也可以指代非立法时间单位"年"，month 与 day 等也是如此。

4. 社交指示语

所谓社交指示语，指在人际交往中，与人际关系有着密切联系的词语和结构。社交指示语的运用在于对发话者与受话者的关系进行改变与调节，对发话者与第三者间的关系进行改变与调节。社交指示语可以通过词缀、称呼等途径加以实现。例如，表 4-2 就是称呼语用于社交指示的例子。

表 4-2 用于社交指示的称呼语

称呼语类型	相关例词
名词的不同表达	例如：James，Bond，James Bond 等
职业等级	例如：Colonel 等
头衔+名字	例如：Professor White，Doctor Li，President Clinton 等
职业名称	例如：doctor，teacher，architect 等
亲属名称	例如：uncle，sister，aunt，grandfather 等

这些称呼所发挥的社交指示功能不同。例如，sir、madam 等泛化称呼可以表达出发话者对对方的尊重；Mr+姓氏等类型的称呼能够表达对方的社会地位较高。

5. 话语/语篇指示语

话语/语篇指示语是指在说话或写作中，发话者或写作者选择恰当结构与词语对某些知识信息加以传递。由于交际必然与时间、地点等相关，因此话语/语篇指示语与时间指示信息、地点指示信息等也有着密切的关系，如 the next…与 the last…等。

在不同的语境中，话语/语篇指示语既可能是前指关系的话语/语篇指示语，也可能是后指关系的话语/语篇指示语。例如：

综上所述，养鸟是对鸟的一种爱护，而不是伤害。

The following is from the received Robert Stevenson production of Jane Eyre for Fox.

上述两句话中，综上所述就是前指关系的话语指示语，the following 为后指关系的话语指示语。

(三)会话含义理论

要想了解会话含义，先需要弄清楚什么是含义。从狭义上说，有人认为含义就是"会话含义"，但是从广义上说，含义是各种隐含意义的总称。对于含义，可以划分为两大类，如图 4-4 所示。

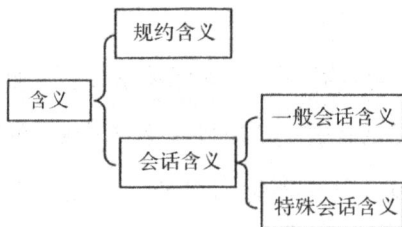

图 4-4 含义的划分

通过分析图 4-4 可知，含义分为规约含义与会话含义。格赖斯认为，规约含义是对话语含义与某一特定结构之间的关系的强调，其往往基于话语的推导特性而产生。

会话含义主要包含一般会话含义与特殊会话含义两类。前者指发话者在对合作原则中的某项准则遵守的基础上，其话语中所隐含的某一意义。例如：

（语境：A 和 B 是同学，正商量出去购物）

A：I am out of money.

B：There is an ATM over there.

在 A 与 B 的对话中，A 提到自己没钱，而 B 回答取款机的地址，表面上看没有关系，但是从语境角度来考量，可以判定出 B 的意思是让 A 去取款机取钱。

特殊会话含义是指在交际过程中，发话者明显或者有意违背合作原则中的某项原则，从而让对方推导出具体的含义。因此，这就要求对方有一定的语用基础。

提到会话含义，就必然提到合作原则，其是对会话含义最好的解释。合作原则包括下面四条准则。

（1）量准则是指在交际中，发话者所提供的信息应该与交际所需要的相符，不能多不能少。

（2）质准则是指保证话语的真实性。

（3）关系准则是指发话者所提供的信息必须与交际内容相关。

（4）方式准则是指发话者所讲的话要清楚明白。

（四）言语行为理论

英国哲学家奥斯汀的言语行为理论首次将语言研究从传统的句法研究层面分离出来。奥斯汀从语言实际情况出发，分析语言的真正意义。言语行为理论主要是为了回答语言是如何用之于"行"，而不是用之于"指"的问题，体现了"言"则"行"的语言观。奥斯汀首先对两类话语进行了区分：表述句（言有所述）和施为句（言有所为）。在之后的研究中，奥斯汀发现两种分类有些不成熟，还不够完善，并且缺乏可以区别两类话语的语言特征。于是，奥斯汀提出了"言语行为三分说"，即一个人在说话时，在很多情况下，会同时实施三种行为：即以言指事行为、以言行事行为和以言成事行为。

1. 表述句和施为句

（1）表述句。以言指事，判断句子是真还是假，这是表述句的目的。通常，表述句是用于陈述、报道或者描述某个事件或者事物的。例如：

桂林山水甲天下。

He plays basketball every Sunday.

以上两个例子中，第一个是描述某个事件或事物的话语；第二个是报道某一事件或事物的话语。两个句子都表达了一个或真或假的命题。换句话说，不论它们所表达的意思是真还是假，它们所表达的命题均存在。但是，在特定语境中，表述句可能被认为是"隐性施为句"。

（2）施为句。以言行事是施为句的目的。判断句子的真假并不是施为句表达的重点。施为句可以分为显性施为句和隐性施为句。其中，显性施为句是指含有施为动词的语句，隐性施为句则是指不含施为动词的语句。例如：

I promise i'll pay you in five days.

I'll pay you in five days.

这两个句子均属于承诺句。它们的不同点是：第一个句子通过动词 promise 实现了显性承诺；而第二个句子在缺少显性施为动词的情况下实施了隐性承诺。

总结来说，施为句主要有如下几个特点。

第一，主语是发话者。

第二，谓语用一般现在时第一人称单数。

第三，说话过程非言语行为的实施。

第四，句子为肯定句式。

隐性施为句的上述特征并不明显，但能通过添加显性特征内容进行验证。例如：

学院成立庆典现在正式开始！

上述例子通过添加显性施为动词，可以转换成显性施为句。

（我）（宣布）学院成立庆典现在正式开始！

通常，显性施为句与隐性施为句所实施的行为与效果是相同的。

2. 言语行为三分法

奥斯汀对于表述句与施为句区分的不严格以及其个人兴趣的扩展，很难坚持"施事话语"和"表述话语"之间的严格区分，于是提出了言语行为的三分说，分别为以言指事行为、以言行事行为和以言成事行为。以言指事行为指"话语"这一行为本身。以言行事行为指"话语"实际实施的行为。以言成事行为指"话语"所取得的效果或者产生的后果。换句话说，发话者通过言语的表达，流露出真实的交际意图，一旦其真实意图被领会，就可能带来某种变化或者效果、影响等。

言语行为的特点是发话者通过说某句话或多句话，执行某个或多个行为，如陈述、道歉、命令、建议、提问和祝贺等行为。并且，这些行为的实现还可能会给受话者带来一些后果。因此，奥斯汀指出，发话者在说任何一句话的同时应完成三种行为：以言指事行为、以言行事行为和以言成事行为。例如：

我保证星期六带你去博物馆。

发话者发出"我保证星期六带你去博物馆"这一语言行为本身就是以言指事行为。以言指事本身并不构成言语交际，而是在实施以言指事行为的同时，包含了以言行事行为，即许下了一个诺言"保证"，甚至是以言成事行为，因为受话者相信发话者会兑现诺言，促使话语交际活动的成功。

（五）模因理论

1976 年，牛津大学动物学家理查德·道金斯在《自私的基因》一书中首次提出了模因（meme）这一术语。其认为，生物进化的基本单位是基因。生命的祖先是复制基因（replicator）。复制基因之间通过竞争获得生存，而生物体仅是传承与繁衍自身的"生存机器"，基因唯一的兴趣就是复制自己。生物的进化是由基因决定的。推动生物进化进程的就是复制基因。道金斯指出，文化在进化的过程中，也产生了一种类似基因在生物进化过程中发挥作用的复制因子，这就是模因。模因是文化传播的单位。道金斯提出，模因有很多类型，如观念、旋律、服饰时尚、宣传口号和建造房子的方式等。就像基因库中繁殖的基因，借助精子或者卵子，从一个身体跳到另一个身体以实现传播、复制；模因库中的模因，其繁衍是通过模仿的过程而发生的，其将自己从一个头脑中传到另一个头脑中。道金斯还认为在大脑、书本和计算机等媒介中互相传播的信息均是模因。

在这之后，模因的基本理论始终被研究者研究和完善着，对其做出一定贡献的是布莱克摩尔。他指出，模因是通过模仿进行传递的，而模仿能力是人类特有的。从广义上说，模仿就是从一个大脑传到另一个大脑的方式。模仿涉及的观念与行为是一个人以任何一种方式向另一个人传递的过程。其具体包括教育、学习、讲述、演示、传播、告诉和阅读等方式。模因的载体可能是人类的大脑，也可能是建筑、书本等。布莱克摩尔指出，任何一个信息，只要它可以通过我们广义上的"模仿"过程而得以复制，那么就能算成一个模因。

布莱克摩尔强调，作为一个复制因素，模因可以支持以变异、选择和保持为基础进化的规则系统。他认为可以利用达尔文的通过自然选择而进化的理论分析文化进化的规律。但他与道金斯一样，不同意社会生物学和进化心理学的学者在对人类行为进化基础研究中的做法；对文化进化机制的阐述，最终还是回到生物进化的意义上解释文化进化的内在动力。道金斯与布莱克摩尔指出，要考虑用另一种独立存在的复制因子说明文化的进化。

在复制过程中，模因会出现变异，其方式有变形、合并、分裂和传递过程中的误差等，对变异后的文化单位的自然选择或认为选择及其保持促进了文化的进化。模因与模因之间相互合并而形成大的模因组合更容易得到共同复制与传递，这种模因组合可以称为"协作模因""复制模因"。

理查德·道金斯认为，达尔文的"适者生存"观点，其实就是"稳定者生存"。成功的复制基因也就是稳定的基因，它们或者本身存在的时间较长，或者可以进行自我复制，或者能精确无误地进行复制。如同成功的复制基因一样，成功的模因有着保真性、多产性和长寿性的特征。保真性即模因在复制过程中通常会保留原有模因的精要，而不是毫无变化。即一种科学观念从一个人的头脑传到另一个人的头脑，多少会发生一些变化，但仍然保留着原有科学观念的精髓。多产性即模因的传播速度快和传播的范围广。长寿性即模因在模因库中可存留很久，也就是说其可以在纸上或者人们的头脑中流传很长时间。

理查德·道金斯对模因概念进行了详细的解释，对整个学术界产生了深远的影响，随后也受到了诸多学者的赞同并得到了进一步发展，如布莱克摩尔、布罗迪、林奇和海拉恩。学者们在对道金斯的观点给予肯定的基础上，进一步展开了研究与探讨，并且初步建立了文化进化理论。美国哲学家丹尼尔·丹尼特也非常赞同模因的观点，并在《意识的阐释》《达尔文的危险观念》等著作中应用模因理论对心灵进化的机制进行了阐释。另外，还有一些学者将模因理论用于解释一些文化现象的进化及相关问题，如大脑、意识、科学、知识、音乐、语言、婚姻、道德和电子邮件病毒等。如今，"模因"一词已经得到了广泛的传播。该词还被收入《牛津英语词典》《韦氏词典》中。《牛津英语词典中》将模因解释为"文化的基本单位，通过非遗传的方式，尤其是模仿而得到传播"；《韦氏词典》将模因解释为"在文化领域内人与人之间相互散播开来的思想、行为、格调或者语用习惯"。

1. 语言模因论

语言与模因既有联系，又有区别。语言存在于模因中，反过来，模因也可以促进语言的发展，并且依靠语言得以复制和传播。只要能通过模仿得到复制与传播，语言中的所有字、词、短语、句、段落甚至话语，均可以称为模因。

例如，"哥""雷""杯具""草根""超女""蜗居"等词语看似很普通，实际都是活跃的模因，有着很强的复制能力。通过其复制出的模因数不胜数。

再如，斯宾塞·约翰逊所著的《谁动了我的奶酪》出版后很快成为畅销书。其书名也迅速家喻户晓，成为人们纷纷模仿的对象，于是派生出了大量的语言模因。如下面几个句子。

（1）Who moved my job?

（2）Who moved my money?

（3）谁动了我的幸福？（电影名）

（4）谁动了我的琴弦？（流行歌曲名）

上述四个句子均模仿了标题"谁动了我的奶酪?"可见，通过模仿与传播，这本书的名字成了一个活跃的模因。

2. 强势模因与弱势模因

同基因一样，模因也遵从着"适者生存"的自然法则。各种模因都会为了生存而展开激烈的斗争，那些适应生产环境，并在保真度、多产性和长寿性三个方面表现值都很高的模因，就会形成强势模因。例如：

牛奶香浓，丝般感受。（德芙巧克力广告）

大家好，才是真的好。（广州好迪广告）

上述两个例子中，第一个运用了明喻修辞，将巧克力比作看似不相关的牛奶和丝绸，给消费者带来了味觉和触觉上的想象，让人无法抵挡住诱惑，从而促使购买行为的发生，另外，其运用了汉语中的四字短语形式，易于传播与模仿，属于典型的强势模因。第二个例子迎合了中国人传统的集体主义思想，并且通俗易懂，读起来朗朗上口，于是成为大家争相模仿的对象，成为活跃的强势模因。

随着环境的变化，一些活跃不起来的模因就会逐渐消失。它们被替代或使用范围缩小，被局限在某些固定的领域，于是就形成了与强势模因对应的弱势模因。例如，instant noodles 和 chewing gum 的译文"公仔面""香口胶"的使用范围就已经缩小，仅在中国香港和中国台湾使用，而在大陆已被"方便面""口香糖"所替代。

第三节　语用学理论在大学英语教学中的应用

前文分析了语用学的基本定义与理论，下面就来分析其在大学英语教学中的应用，从而更好地提升大学英语教学水平，推进大学英语教学的改革与发展。

一、ELF 语境下的语用教学观

语用教学作为影响二语学习者语用能力发展的重要因素之一，已经成为二语教学关注的重点问题。语用教学研究证实了二语语用知识的可教性以及课堂教学的有效性。然而，英语作为国际通用语的现实情况却对语用教学提出了挑战。ELF(English as a Lingua Franca，英语作为通用语)语境中的言语交际表现出多元文化的特征以及动态协商的特质，原来用于语用教学的二语材料以及教学活动不足以反映 ELF 语境的复杂性。中介语语用教学长期以来都是以趋同于目标语的语用标准作为发展目标，忽视了学习者在语用习得中的主体性。

在 ELF 语境中，语言的使用出现了多元化的语言语用及社交语用现象，体现出超越英语本族语标准的趋势。因此，语用教学的目标不应只是考虑英语本族语者的语用标准，还应该考虑学习者的本族语语用标准及多元化语境的影响。默里提出，在 ELF 语境中，大量的言语交际发生在非英语本族语者之间，培养学习者的语用能力不再参照单一的本族语者的英语语用标准，而应该以培养学生的 ELF 语用能力为目标。ELF 语用能力应该考虑学习者对目标语的语言和文化的态度以及学习者的价值观等因素。在 ELF 语境下，语用教学应该基于相关语用学的研究成果，以提高学习者的语用意识和互动能力为目标，重点教授学生一些语用策略。语用教学的另外一个目标是培养学习者在交际中的互动能力。

二、语用学视角下大学英语教学的关注点

从语用学视角对大学英语教学进行研究应该关注以下几个问题。

（一）关注语用失误

所谓语用失误，即双方在进行语言交际时，未实现既定的交际效果的失误情况。需要指出的是，语用失误与语用错误并不相同，后者指代的是由语法错误造成的词不达意的现象，而前者指代的是由于交际双方说话方式不当而造成的不合时宜的现象。

著名学者托马斯将语用失误划分为两种：一种是社交失误，另一种是语言失误。这两种失误都会影响大学英语教学。这是因为外语教学的目的在于帮助学习者进行恰当的交际，并掌握交际能力与素质，因此对这些语用失误的了解与把握显得十分必要。

（二）关注语用能力

1990 年，学者乔姆斯基提出语用能力这一概念，他指出语用能力是使用者具备的能够与他人展开恰当交际的语言使用技能。

在我国传统的大学英语教学中，教师忽视了培养学生的语用能力，因此当今的大学英语教学应该注意这一点，因为语用能力的培养有助于提升学生的外语素质与教师的教学效果。

语言表达的不同，在一定程度上反映出发话者的语用能力不同。在大学英语教学中，对语用能力的培养应该置于与语言知识教学同等重要的地位，教师运用语用学的原理指导大学英语教学，有助于提升教学效果。同时，教师在讲授中应该引导学生在不同的语境中选择恰当的语言，从而提升自身的语言交际能力，这对日后的跨文化交际有一定的帮助。

三、语用学理论指导下非英语专业学生语用策略的培养

上面对语用学视角下大学英语教学的关注点进行了分析，下面就从这些关注点着手，探讨具体的大学英语教学策略。总体来说，应该关注以下两大层面。

（一）提高学生的语用意识

语用学视角下的英语教学首先应该重视学生语用意识的培养与提高。

从教师的角度来说，应该增加自身的语用知识，并在英语教学中开展丰富多样的语言交际活动，从而增强学生在不同的语境下对语用功能的认识，有意识地减少自身交际中出

现的语用失误。

从宏观的层面说，教师可以从以下几个角度入手。

第一，让学生了解语用理论的相关知识，如言语行为理论、礼貌原则、关联理论和合作原则等。

第二，使学生了解不同语境下语言交际不同的作用。

第三，总结英汉语言在使用上的差异，帮助学生避免语言交际中出现中式英语，使学生掌握地道的英语表达方式。

从语用的角度上说，语言形式和语言功能并不是一一对应的关系，是由于交际目的、语言环境的不同，同一种语言形式也可能产生不同的语言功能，同一种语言功能也可以由不同的语言形式组成。在外语教学中，教师需要对学生进行语言形式、功能、语境能力的训练，从而提升学生的语用能力。具体来说，教师可以采用以下几种方式提高学生的语用意识。

1. 培养学生观察语言形式在语境中的使用

语用意识的培养是提高语用能力的前提。英语教学中培养学生的语用意识主要是培养学生观察语言形式在相应的语境中使用的能力。

鉴于此，教师可以设计一些培养学生语用意识的活动，让学生了解母语与英语在具体言语行为上的差异。例如：

Emmy：Hello，Tom.

Tom：Hello，Emmy.

Emmy：When are you going to get together！

Tom：We really should.

Emmy：You know my office number. Just give me a call.

Tom：Okay.

Emmy：Good. So long.

Tom：Bye.

通过对上述对话进行分析可以看出，虽然 Emmy 和 Tom 两个人是围绕着约吃饭的事情进行谈论，但是对话中并没有明确提出吃饭的时间与地点，因此，不能算作一种邀约。这一点和中国的邀约方式有所差异。教师可以在英语教学课堂上多列举一些中英言语行为上的差异，并设计不同的活动，从而培养学生的语用意识。

2. 借助媒体多渠道地培养学生的语用意识

语用意识的培养还可以借助媒体等渠道，如网络、电影和电视等，让学生了解不同文化背景下人们的生活方式与语言表达，从而知晓中西方文化的差异，以培养学生的语用能力。

由于媒体技术的发展，教学可以利用的资源更加丰富，这对于学生语用能力的培养大有裨益。教师可以利用视频让学生了解本族语者使用时的表情、动作和姿态，也可以利用网络创造语言环境，让学生直接和英语本族语者展开沟通。

通过电影培养学生的语用意识也是十分有效的手段。教师在授课之前需要结合课堂教学内容，选取合适的电影让学生接触。这种培养学生语用意识的方式较单纯的课堂教学来说，更能调动起学生的兴趣，让学生产生更加深刻的印象。

3. 语言教学与文化教学相结合

文化教学的缺失是影响学生语用意识提高的重要因素。语言与文化密不可分，对文化的了解是提高学生语言意识和语用意识的基础。

外语教学的目的是让学生通过了解目的语文化，提高自身的跨文化交际的意识与语用能力。因此，教师不仅需要重视语言知识的输入，同时还要注重文化知识的输入，在英语教学中穿插文化教学。

将英语教学与文化教学相结合，有利于提高英语教学的实用性，同时还能调动学生语言学习的兴趣。在使用英语进行交际的过程中，文化知识的积累会让学生有意识地减少母语的负迁移，促进语言的正迁移，最终顺利完成语言的交际活动。因此，文化教学也是培养和提高学生语用意识的重要手段。

（二）ELF 语境下培养学生的跨文化语用能力

迄今为止，国内外学者并未就 ELF 语境下的语用能力的定义达成一致，不过对于 ELF 语境以及 ELF 语用能力构成因素的看法基本趋同。首先，ELF 语境是动态建构的，能够体现交互文化的多元特征。ELF 语境的多元性和动态性是一种交际资源，可以为来自不同语言文化背景的英语使用者呈现和凸显自我文化提供新的语境空间。其次，ELF 语境中的交际主体呈现"他者化"特征。ELF 语境下用英语进行交际的语言使用者多为来自不同语言文化背景的非本族语者，英语逐渐成为"他者语言"。ELF 语境下"他者"对英语使用的能动性和创造性已成为他者化现象的语用表现，每个 ELF 使用者都会构建与英语本族语不完全相同，并且反映自我交际方式与社会文化身份的"本我英语"。英语不再是单向语境下的简单移植和克隆，而是一种建构交际的社会认知过程，是语言使用的语用社会化的需要与结果。最后，ELF 语用能力主要是指英语语言使用者能够依据 ELF 语境下交互文化的多元化特点建构临场语境，并能够采用恰当的语用策略实现成功交际的目的。

于是，我们重点考察了研究 ELF 语用策略的文献，并参考 Jenkins，Cogo & Dewey 提出的 ELF 交际者需要在交际过程中平衡可理解性和构建身份之间关系的观点，将 ELF 语用策略分为两类——信息互明语用策略和身份协商语用策略。

1. 信息互明语用策略

所谓信息互明语用策略，是指那些有助于建构临时语境的共知信息，以实现交际信息互明的策略。在交际进行的不同阶段，ELF 交际者倾向于使用不同的策略促进信息互明。当遇到不清晰的词汇和话语时，交际者会采用"暂且不提原则"、观望或副语言资源等策略，以免出现交际障碍；当听话人遭遇理解困难时，说话人会采用消解策略；当交际者意识到交际过程中存在潜在的话语理解问题时，他们则会采用预先处置策略，其包括重复、释义、说明、自我修正、话语标记语和小品词、添加等；交际者还会通过话题协商、话题管理和元话语策略等使话语信息更加清晰，让交际意图明朗；当交际双方就某一点无法达成一致看法时，交际者倾向于直接表达反对意见、拒绝或者启动重新协商。

交际双方需要共同参与和互动协同，以实现话语信息的互明和可理解，因此他们不仅要想办法消解话语信息理解过程中出现的问题，还需要采用相应策略，以排除发生在理解之前的潜在障碍。

2. 身份协商语用策略

由于 ELF 语境中的英语语言使用者多为非英语母语者，他们来自不同的社会文化语境，具有独特的社会文化身份，因此 ELF 交际涉及至少两种不同语言文化的互动和融合，由此产生"第三文化"或交互文化，交互文化是交际过程的多元文化融合现象，是在文化接触过程中建构的文化，具有涌现特征，体现了交际者之间的协调、竞争、调整和再协调，还涉及身份的动态协商。ELF 交际也因此被视为通过语言实践建构文化身份的动态过程。

由于 ELF 交际者在一定程度上依附于本族语的语言文化规约，很容易出现自我中心思想，并产出体现本土文化的话语行为。因此，交际者需要采用恰当的语用策略在呈现本土文化身份的同时，重新建构临时的相互接受的共同身份。交际运用比较多的语用策略有多语言资源、语码转换、同源迁移效应、习语及语块的创造性用法等。

四、语用学理论在大学英语教学中的应用案例

作为大学英语的评估手段，大学英语四、六考试近年来经历了数次改革，现行的四、六级考试题中的听力理解部分所占比重为35%，其中考查会话含义的试题对于大多数考生来讲都是绊脚石。会话含义推理题的提问方式通常如下。

What does the man/woman imply?

What can be inferred(concluded)from the conversation?

What does the man/woman mean?

What can we learn about the man/woman?

What had the woman/man(previously) assumed?

想要回答这些问题，学生必须利用所学到的语言知识和背景知识，并积极主动地去对输入的信息进行解码、分析、预测和推理。于是，培养学生对话语进行分析、推理以领会说话者真正意图的能力，应该成为大学英语听力教学的目标之一。

对语用教学效果的研究主要探讨某种教学实践对二语或英语习得的作用。在此类研究中，研究人员和教师应特别关注某特定教学内容的习得。我们可以通过多种方法进行语用教学，如显性教学、隐性教学、归纳教学和演绎教学等。谈及不同的教学方法对语用习得的影响，学者普遍认为有计划的显性教学的效果明显优于隐性教学的效果。值得一提的是，现有的大多数研究关注的是某个特定言语行为、语用程式或者交际性话语标记语的习得，以及鲜有研究关注语用推理能力的可教性。

近年来，中国学者尝试将语用学的理论运用到英语听力教学中，探讨语用学理论的掌握对提高学生听力理解水平的作用。此外，还有学者通过实证研究证明语用学理论的掌握能够提高学生的英语听力水平。

众所周知，听力理解是一个复杂的过程，包括解码、认知和语用推理，它要求学习者具备一定的语用能力。虽然学界对于语用能力这一概念具有不同的界定，但总体来说语用能力是指在言语交际过程中，交际者能够识别当前语境，结合自己已有的语用知识，经过一定的语用推理产出合适的话语的能力，它包括语用知识、语用意识和语用表现三个部

分。其运用到听力理解部分，语用能力则包含语用知识、语用意识和语用推理能力。因此，仅仅认为对某个语用学理论的掌握就能促进学习者的语用推理能力，提高他们的听力水平是十分狭隘的。受埃利·伊凡蒂杜的启发，我们可在已有研究的基础上，以关联理论为理论框架，通过在大学英语听力课堂实施显性语用教学来提升学习者的语用意识，培养学习者的语用推理能力。

（一）理论框架

语用推理是指语言使用者运用一定的知识和策略推导话语与语境的关联，并解读由此产生的语境含义的思维过程。语用者除借助逻辑化的语用规则理解一般含义外，更重要的层面在于结合语境，推导与交际意图相关的会话含义，并在一定范围内消解歧义，补全缺省环节。有影响力的关于会话含义推导的理论有：格赖斯的会话含义理论、霍恩两原则、莱文森三原则，以及斯珀伯与威尔逊的关联理论。我们采用关联理论作为理论框架原因有二：其一，听力理解主要涉及信息处理；其二，只有通过大量的语用推理，我们才能推导出话语中所传达的交际者的交际意图。作为一种关于语言理解的认知理论，关联理论能够解释学习者如何处理复杂的二语语言的明示刺激。

斯珀伯与威尔逊认为人们的认知世界遵循关联原则。每个明示交际行为都假设其自身具有最佳的关联性，即在言语交际过程中，双方所说的话一定是和当前或先前所说的话题相关联，受话者正是基于这种关联性来理解说话者的交际意图。他们认为言语交际是一个双向的明示推理过程，即在交际的过程中，说话者通过语言编码明示自己的交际意图，而受话者则在理解说话者话语信息的表层语码意义的基础上，对表层意义进行加工处理，在新旧信息相互作用下而形成的认知语境中推导出说话者的意图。明示是从说话者的角度而言的，说话者先产生话语，再产生信息意图，通过信息意图向受话者表明自己的交际意图；推理是从受话者的角度而言的，受话者从说话者的明示行为中推导其意图，于是言语交际双方互明对方的意图，实现成功交际。明示刺激可激发人们的某种关联期待（即付出一定的认知努力，并获得相当的认知效果）——最佳关联。由于人们的认知能力、知识积累、个人经历以及所处的物理环境存在差异，不同的人对相同的话语可能存在不同的理解，也就是说最佳关联是因人而异的。

斯珀伯与威尔逊提出了关联理论框架下的话语理解步骤，有助于受话者理解说话者的意图，并做出可靠的推理。

(1)遵循最省力原则以构建对话语的理解(通过消除歧义、解决指称不确定问题、超越表层语码意义、提供语境假设和计算会话含义等)。

(2)当你的关联期待得到满足(或破灭)后停止推理。

上述步骤表明受话者往往认为，满足其关联期待的第一个解释就是说话者意欲传达的会话含义。听力理解其实就是学习者启动认知语境寻找最佳关联的过程，所以不同的学习者对同一个话语会产生不同的理解，这可以解释为什么有的学习者无法推导出听力理解的正确答案。

关联理论指导下的话语理解过程涉及三个任务。

(1)通过解码、消除歧义、指称确定，以及其他的语用扩充过程对明示信息建构一个恰当的假设。

(2)对意欲表达的语境假设建构一个恰当的假设(隐含前提)。

(3)对意欲表达的语境含义建构一个恰当的假设(隐含结论)。

接下来我们按照上述过程来分析一段短对话。

W：I wish Jane would call when she knows she will be late. This is not the first time we've had to wait for her.

M：I agree. But she does have to drive through very heavy traffic to get here.

Q：What does the man imply?

(A)Jane may be caught in a traffic jam.

(B)Jane should have started a little earlier.

(C)He knows what sort of person Jane is.

(D)He is irritated at having to wait for Jane.

在听到 W 对 Jane 迟到这件事情发出的抱怨以后，M 通过"I agree"寻求与 W 的一致，拉近两人之间的距离。听到这部分后，W 可以得出以下假设"M 也认为 Jane 的行为是不合适的"。然而，M 接着说"But she does have to drive through very heavy traffic to get here."But 在该语境中作为连接词的功能已经被弱化，它充当的是引入新观点的话语标记语，它使得 W 抛却原来的语境假设，重新寻找最佳关联。经过对 M 所说的明示信息进行语用扩充后，W 能够得到如下隐含前提"因为交通非常拥堵，所以 Jane 要来单位就要花费更长的时间"。

因此，W 可以推导出 M 话语的交际意图（即隐含结论）——"Jane 很有可能遭遇了交通堵塞，她这次迟到应该得到大家的谅解"。于是，A 是最符合 W 关联期待的答案。这个例子说明言语交际是一个在线处理的过程，对说话者的会话含义进行语用推理涉及复杂的心理过程。因此，在听力课堂上进行显性语用知识教学，提高学生的语用意识，进而培养语用推理能力是十分必要的。

（二）研究设计

1. 研究问题

本研究旨在探讨以下三个问题。

第一，哪些语用知识对二语学习者的语用推理能力起到重要的作用？

第二，如何在大学英语听力课堂讲授语用知识？

第三，显性语用教学能否提高学习者的语用推理能力？

2. 被试

河南某大学 2016 级人文学科的 131 名本科生参与了该项研究。所有的被试者都在第一学期初参加了英语水平摸底考试。他们的平均年龄为 17 岁，皆没有海外求学经历，学习英语的平均年限为 8 年，课堂外他们很少接触英语。在该项研究中，他们将被分为控制班和实验班两组，由同一位大学英语教师讲授。

3. 教学材料

基于对大学英语四级考试真题会话部分的分析，我们按照陈新仁的观点将语用教学的内容分为四大类：言语行为、语篇组织、语用惯例和语用含意。

大多数研究者都将言语行为作为课堂语用教学的内容。这类研究一般关注言语行为的各种语义程式以及影响这些语义程式实现的社交语用因素（如权势、距离和礼貌等）。我们遵循塞尔的传统，将言语行为分为五大类：陈述类、指令类、承诺类、表达类以及宣言类。我们将讲授直接言语行为与间接言语行为之间的区别，将间接言语行为作为我们的讲授重点。

语篇组织教学可分为篇章组织教学和会话组织教学两类。由于我们主要培养学生对英语会话含义的推理能力，因此该部分我们主要以会话组织作为教学目标，包括话语标记语和相邻语对。对于相邻语对，尤其是合意的第二部分和不合意的第二部分的掌握，有助于学习者预测二语会话序列结构中的相邻语对。此外，话语标记语在会话中发挥着重要的作用。经过对大学英语四级考试试卷的听力部分进行分析，我们发现在考查的信息中有很大一部分都位于话语标记语的附近。well 和 you know 是出现频率最高的两个话语标记语。对于相邻语对和话语标记语的显性教学能够使学生们更快地理解明示信息，进而以较少的认知努力推导出会话含义。

关于语用惯例，我们发现了三种最常用的惯例表达——建议类惯例表达、拒绝并解释原因类惯例表达，以及个人意愿阐述类惯例表达。建议类惯例表达包括以下结构："Why don't+pronoun +VP""How about+NP""Would you like to+VP"。典型的拒绝并解释原因类的惯例表达为"（No,）I'd like to，but…""I'd like to…"，通常被用来阐述个人意愿。在教学过程中，我们将语用惯例表达教学与言语行为教学结合起来，以加深学生对语用惯例的掌握。

关于语用含意方面，如前文所述，我们采用斯珀伯与威尔逊的关联理论作为会话含义的分析框架。因此，会话含义理解过程中涉及的所有的概念都是我们的教学材料，包括语境、最佳关联、最大关联、明示信息、指称和语用模糊等。

众所周知，语言是一个传递文化信息的符号系统，因此有必要在大学英语听力课堂上讲授与二语社会及与文化相关的知识。

4. 研究步骤

我们在 2016 年秋季学期的第一节课上采用多项选择语篇补全测试（MDCT）来测试受试者的语用推理能力，25 道题全部涉及语用推理，每题 1 分。然后我们采用独立样本 T 检验来检验两组被试者的语用推理能力是否存在显著差异。独立样本 T 检验表明这两组被试者的语用推理能力没有显著差异[$T=-0.480$，P（双尾）$=6.32$（$>.05$）]。于是，我们随机将法学专业指定为实验班，国贸专业指定为控制班。表 4-3 为法学和国贸专业语用推理能力的独立样本 T 检验。

表 4-3　法学和国贸专业语用推理能力的独立样本 T 检验

分组	人数	平均数（Mean）	标准差（SD）	T 值	P 值（双尾）
法学专业	65	12.9848	2.20135	—	—
国贸专业	66	12.8000	2.20227	-0.480	6.32

同时，我们采用 2015 年 6 月的第一套大学英语四级考试真题对这两组被试者进行了听力水平前的测试，听力理解部分有 25 道选择题，为了方便统计，我们将每道题的分值

设为1分，共25分。然后我们在大学英语听力课堂上实施了为期一个学期的语用推理能力培养实验，实验时间为16周，每周2节课，共32学时，实验班和控制班的上课步骤基本一致，用第一节课完成规定的教学任务，第二节课留出30分钟进行显性语用推理能力的培养。在教学方法上，控制班采用原有的教学模式，而实验班采用本次实验的模式——先给他们讲授相应的语用知识，然后引导他们进行相关的语用推理练习，以训练他们对会话含义的感知能力。教师先用中英两种语言提供必要的元语用信息，然后根据当堂所讲授的元语用信息指导学生进行相应的语用推理练习。实验结束后，我们立刻对学生进行了随堂后的测试，随堂后测试所使用的试题与前测试一样，这样我们就可以避免由于试题难度不同而造成的干扰。随堂后测试完成后，我们对这两个班的前、后测试成绩进行了独立样本 T 检验，以检验显性语用教学的效果。

最后，我们对实验班的被试者进行了面访，以了解被试者对该种教学策略的态度。

（三）结果和讨论

表4-4为实验班/控制班前、后测成绩的独立样本 T 检验。

表4-4　实验班/控制班前、后测成绩的独立样本 T 检验

分组	人数	平均数（Mean）	标准差（SD）	T 值	P 值（双尾）
国贸专业前测	65	8.2615	2.72303	—	—
法学专业前测	66	8.4697	2.99343	-0.416	0.678
国贸专业后测	65	11.1846	2.66864	—	—
法学专业后测	66	14.8182	3.64126	-6.506	0.000

对控制班和实验班的前测成绩所做的独立样本 T 检验表明，实验前这两组被试者的听力水平没有显著性差异[$T=-0.416$，P（双尾）$=0.678(>.05)$]，这也为我们进行教学实验奠定了基础。试验结束后，对控制班和实验班的后测成绩进行了独立样本 T 检验，T 值为 -6.506，P 值为 $0.000(<0.05)$，这说明这两个班的后测成绩存在显著性差异，即表明我们的实验发生了作用。于是，可以得出以下结论：显性语用推理能力培养能够有效提高学生的听力理解水平。

在实验结束后，我们对实验班和控制班的前、后测成绩分别做了配对样本 T 检验，两组的配对样本统计量如表4-5所示。

表 4-5　实验班/控制班前、后测成绩的配对样本 T 检验

分组	人数	平均数(Mean)	标准差(SD)	T 值	P 值(双尾)
国贸专业前测	65	8.2615	2.72303	—	—
国贸专业后测	65	11.1846	2.66864	-20.742	0.000
法学专业前测	66	8.4697	2.99343	—	—
法学专业后测	66	14.8182	3.64126	-27.359	0.000

　　根据表 4-5 所示的配对样本统计量可知,实验班和控制班的后测成绩都高于前测成绩,其中控制班的后测平均值为 11.1846,实验班的后测平均值为 14.8182,P 值皆为 0.000(<0.05),这说明两个班的后测成绩与前测成绩相比较都有明显提高。控制班成绩提高的原因有以下两个。其一,由于前、后测使用的是同一份试卷,学生对听力材料的内容比较熟悉。其二,经过一个学期的学习,学生的英语水平包括听力水平都得到了提高,这是正常学习的结果,符合英语水平提高的一般规律。结合所有统计表的数据,我们认为实验班成绩提高的原因也有两个:一是试卷原因,二是实验处理的结果。

　　实验结束后,我们对实验班的学生进行了随机面访,以了解他们对该次实验的态度。面访结果佐证了实验结果,90%的被访者认为在听力课堂进行显性语用教学可以有效地提高他们的语用推理能力。

(四) 结论

　　本研究旨在大学英语听力课堂通过显性语用教学培养学生的语用推理能力。首先,通过分析大学英语四级考试真题,我们归纳出了语用推理过程中所涉及的重要语用知识;其次,我们采用显性语用教学的方法在大学英语听力课堂实施了教学实验。实验结果表明:该方法不但能够输入语用知识,提高学生的语用意识,而且能够提高他们的语用推理能力,进而提高他们的听力理解水平。然而,该研究仍存在一些问题:其一,该研究采用的是传统的前测—实验—后测的模式,后测是在教学实验结束后立刻进行的,因此无法验证该实验结果的时效性。在以后的实验中,我们将尽量采取延时后测的方法,以使实验结果更具说服力。其二,对于那些毫无英语语言学和语用学基础的学习者而言,在 32 个学时内要接受并消化大量的语用知识的难度是相当大的,所以实验结束后我们仍会在实验班进行延续性练习,以帮助学生巩固学习成果。

▶ 第五章

认知语言学理论指导下的大学英语教学改革

语言与认知有着紧密的关系，无论是语言的产生、习得还是发展，都与认知紧密相关，可以说语言的学习就是一个认知的过程。随着语言学的发展，20 世纪 70 年代至 80 年代，语言学界出现了一种把语言和认知作为特殊研究领域的趋势，这种趋势促使了认知语言学的产生。认知语言学是基于认知视角对语言进行研究的一门学科，其强调认知与语言之间的紧密关系，认为认知是对世界经验进行组织的结果。认知语言学理论有着广泛的应用，其在大学英语教学中也发挥着重要的作用，将认知语言学理论运用于大学英语教学中，对提升大学英语教学的质量、促进大学英语教学的改革与发展起着重要的作用。本章将对认知语言学理论指导下的大学英语教学改革进行详细论述。

第一节　认知语言学的定义

认知语言学是认知科学的一个重要分支，也是认知心理学与语言学相互渗透形成的边缘学科，其从崭新的视角揭示了语言的本质，探索语言和认知的关系。

一、认知

"认知"一词的英文表述为 cognition，该词源自拉丁语 cognltio，指的是人类学习或获得知识的过程。关于认知的定义，一直未形成统一的认识，可谓众说纷纭。

《辞海》中对认知的解释是：认知就是认识，指人类认识客观事物、获得知识的活动，包括知觉、记忆、学习、言语、思维和想象等过程。

《现代汉语词典(第5版)》对认知的定义为：认知是通过思维活动认识、了解。

美国心理学家休斯敦总结了认知心理学关于认知定义的五种认识：①认知是信息加工。②认知是心理上的符号运算。③认知是解决问题。④认知是思维。⑤认知是包含感知觉、记忆、想象、概念形成、范畴化、判断、推理、思维及语言运用在内的一组能动的活动。其中，①和②属于"信息加工论"，把人脑等同于电脑，但这与认知语言学关于认知的理解并不相符；③和④认为思维是认知的核心；⑤是广义认知语言学关于认知的理解。由此可知，认知的定义有狭义与广义之分。但无论是狭义的认知定义还是广义的认知定义，都是将思维视为认知的核心，认为思维是信息加工过程中的最高级阶段，是在感知觉、表象、记忆的基础上形成的，而又反过来影响它们的过程。

桂诗春认为，认知是一个内在的心理过程，是知识的习得与使用。

田运认为，认知是直接依靠主体的感知能力和思维能力，而不借助实践手段认识客观事物的过程。

通过上述定义可以看出，语言是一种认知活动，是认知的重要组成部分，语言理解与运用的过程就是认知处理的过程。语言是对客观世界进行互动体验和认知加工的结果，由于认知活动本身难以观察，因此语言就成为观察与研究认知的一个重要窗口，由此也就形成了认知语言学的核心原则：现实—认知—语言。

二、认知语言学

作为语言学科的一个新兴门类，认知语言学主要是用认知的观点来解释"语言"同"认知"之间的关系的。当然，还有一些学者基于自己的理解对认知语言学的含义进行了界定。下面对国内外学者的一些具有代表性和影响力的观点进行具体分析。

莱考夫和约翰逊在《体验哲学》中，对认知语言学的解释是：认知语言学是一种语言学理论，该理论意图用第二代认知科学的发现来解释尽可能多的语言。就其本身而言，它吸收了第二代认知科学的研究结果，但不承袭任何一种成熟的哲学理论假设。其假设是方法论假设，即用恰当的方法得出最全面的归纳，寻求更广泛的趋同性证据，将语言学理论和思维与大脑的实验发现结合起来。

我国学者束定芳认为，认知语言学属于认知科学的一个分支，是认知心理学与语言学相结合的边缘学科。他认为，认知语言学的基本理论和思想最初引进我国，是语言学界基于寻求与语法描写和解释充分性的需求相适应的这一目的，并且认知语言学的引进为语言学的研究提供了崭新的视角。

总体来说，认知语言学将语言视为一种认知活动，并从人的角度出发研究语言的形式、意义及规律，是利用人类的经验和感知与概念化外部世界相互作用来研究语言学的学科。它强调人类认知能力的参与作用，认为语言无法直接反映客观世界，必须借助认知这一中间层次进行加工处理。

第二节　认知语言学理论概述

在认知语言学中，范畴化、转喻、隐喻、意象图式与心理空间等是其研究的中心话题，本节将对认知语言学的这些核心理论进行分析和探讨。

一、范畴化

早在古希腊时期，哲学家亚里士多德就涉及过对范畴的论述，他在《形而上学》一书中指出，"人"具有两个基本特征，即"两足"和"动物"，这是"人"范畴必备的两个特征，如果缺少其中任何一个特征，都不能归为"人"的范畴，而同时具备了两个特征，就可以归入"人"的范畴。这一论述对经典范畴理论的发展起到了重要推动作用。

到了 20 世纪中后期，人类学家与心理学家开始对范畴进行更进一步的研究，他们的研究使得人们的范畴产生了巨大的变化。罗施的范畴研究对基本层次范畴理论的建立提供了重要依据，他还将范畴划分为横向与纵向两个维度，其中原型理论属于横向维度，基本层次范畴理论属于纵向维度。

横向关系指的是范畴内各成员之间的关系是平行并列的，如图 5-1 所示。

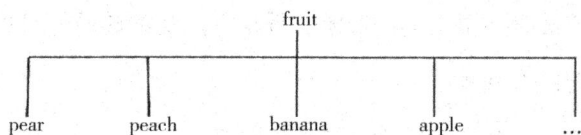

图 5-1　横向关系

上述 pear、peach、banana 和 apple 都属于 fruit 范畴，pear 的作用是作为水果的原型而出现的，继而拓展出 peach、hanana 和 apple 等。横向关系中的重要理论就是上文提到的原型理论。

纵向关系是指范畴内各成员之间是垂直关系，或称上下级关系，如图 5-2 所示。

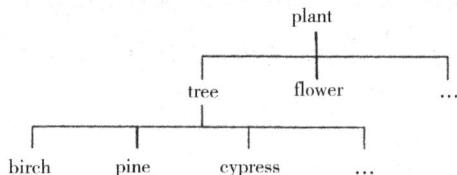

图 5-2　纵向关系

在这个垂直关系中，这三个层次以中间的基本层次(tree 和 flower 等)向上和向下进行扩展，向上扩展属于 plant，基本层次 tree 向下扩展可得到 birch、pine 和 cypress 等更为详细的分类。

在纵向层次中，以基本层次为中心，上移则是上位范畴，下移则是下位范畴。因此，根据范畴的纵向关系，可以将范畴分为以下三个层次：基本层次范畴、上位范畴和下位范畴。以下就对这三个层次展开论述。

(一)基本层次范畴

所谓基本层次范畴，是指那些可以满足人类认知需要和最能突显文化的范畴。基于基本层次范畴，人类可以感知"事物"的最大不同。例如，作为基本层次范畴的"桃"与其他范畴(如毛桃、油桃和水蜜桃等)都不相同，但是仍然可以与苹果、西瓜、葡萄等一些水果类的范畴区分开来。在基本层次范畴中，人们可以发现范畴特性最理想化的结构，也可以从这个层次上找到世间万物相互作用的相关信息，因此可以说这个层次的范畴是最经济的范畴。

（二）上位范畴

上位范畴缺乏具有普遍特征的整体形象，这也是其最显著的特征。具体来讲，上位范畴是最具概括性的范畴，各成员没有足够的共性构成一个共同的完型。因此，人们很难通过完型结构来把握上位范畴的各个成员。但是，这并不意味着无法认知上位范畴。通常，人们都是从基本层次范畴提取一些特征，用于上位范畴。例如，关于水果这一上位范畴的特征，人们可以从它的基本层次范畴中提取相关的特征："柠檬"口味酸甜，"西瓜"多汁等。从这个方面来看，上位范畴又可被称为"寄生范畴化"。

（三）下位范畴

下位范畴是对基本层次范畴的进一步细分。通过下位范畴，人们可以感知基本层次范畴成员之间的差异。下位范畴的形态多是复合形式，结构相对复杂，只有分析其语义框架才能了解语义特征。例如，了解 apple juice 这一复合形式，就要分析其语义框架，也就是分别对 apple 和 juice 进行分析。apple 为 apple juice 提供的特征是：用苹果制作，口感酸甜，富有维生素，有益于身体健康；juice 为 apple juice 提供的特征是：液体不含酒精，有解渴的功效。

关于基本层次范畴、上位范畴、下位范畴之间的联系与区别，详见表5-1。

表5-1 基本层次范畴、上位范畴、下位范畴之间的联系与区别

范畴种类	参数				
	完型	属性	范畴结构	功能	语言形式
基本层次范畴	普通完型	大量的范畴属性	原型结构	指向世界的"自然"通道	短小的单语素词
上位范畴	没有普通完型	一个或者很少的范畴属性；凸显的普遍属性	家族相似性结构	聚合与凸显功能	多为较长的复合语素词
下位范畴	几乎一致的完型	大量的范畴属性；凸显的具体属性	范畴成员之间高度的同源性	具体指向功能	复合语素词

二、转喻与隐喻

在认知语言学中，转喻与隐喻是人类重要的认知手段，涉及的是思维层面的问题。下

面就对转喻与隐喻进行说明。

（一）转喻

转喻最初被视为一种修辞手法，相当于汉语中的借代修辞。转喻的认知本质随着认知语言学的发展被人们发现，实际上转喻不只是一种修辞工具，更是一种认知机制。转喻具有两种表现形式，即部分与部分之间的转喻，以及整体和部分之间的转喻。

1. 部分与部分之间的转喻

部分与部分之间的转喻包括多种形式，这里主要介绍以下四种。

（1）知觉转喻。知觉在人类的认知世界里起着非常重要的作用。知觉是有意图的，知觉转喻与行为转喻可以进行交叉分类。

（2）行为转喻。行为转喻主要涉及行为者与谓语所要表达的行为间的关系。

（3）因果转喻。原因和结果相互依存，一个隐含另一个。理论上，因果转喻会产生相互转换。

（4）地点转喻。地点常与生活于该地点的人、位于该地点的著名机构、发生在该地点的事件、该地点生产的产品和从该地点运输的产品有联系。

2. 整体与部分之间的转喻

整体与部分之间的转喻包含多种形式，这里主要介绍以下四种。

（1）构成转喻。构成转喻涉及构成物体成分的物质或材料。

（2）事件转喻。事件可以被隐喻地视为事件的各个部分。

（3）事物及部分转喻。事物及部分转喻可以分为两个转喻变体。

（4）范畴及属性转喻。属性既可以被隐喻地视为拥有的物质（属性是拥有），也可以转喻地被视为物体的部分。

（二）隐喻

隐喻是指用一个概念来识解另一个概念，其涉及两个概念之间的对比。认知语言学家通常将隐喻分为方位隐喻、结构隐喻和实体隐喻三种类别。下面主要对这三种隐喻进行分析。

1. 方位隐喻

方位隐喻是指给概念一个空间方位，它以连接隐喻两部分的经验为基础，连接动词"is"作为隐喻的一部分，应被视为将两端不同经历连接起来的媒介。

2. 结构隐喻

结构隐喻是指一个概念可以以另一个概念隐喻地构建起来。通过结构隐喻，人们可以超越指向性和所指，还可以通过一个概念构建另一个概念。

3. 实体隐喻

实体隐喻是指人们通过实际的经验和物质实体，为观察事件、活动、情感和思想等实体和材料提供了基本方法。

三、意象图式

(一)意象图式的定义

关于意象图式的定义，约翰逊指出，意象图式是通过感知的相互作用和运动程序获得对事物经验给以连贯和结构的循环出现的动态模式。

欧克利认为，意象图式是为了把空间结构映射到概念结构，而对感性经验进行压缩性的再描写。

(二)意象图式的内容

意象图式的内容包含以下六个方面。

1. 路径图式

路径图式涉及从一点到另一点的生理或隐喻移动，其组成部分包括起点、终点和系列中间各点。

2. 标量图式

标量图式涉及生理或隐喻数量的增加与减少，如物理数量、数量系统的属性等。

3. 垂直图式

垂直图式涉及"上"和"下"关系，如爬楼梯、直立、看旗杆等。

4. 连接图式

连接图式由两个或两个以上的由生理或隐喻连接起来的实体组成，如孩子牵着爷爷的手等。

5. 中心—边缘图式

中心—边缘图式涉及生理或隐喻的中心与边缘，从中心到边缘的距离范围，如个人的知觉范围、个人的社会范围等。

6. 部分—整体图式

部分—整体图式涉及生理或隐喻的整体与部分的关系，如家庭成员、整体与部分等。

四、心理空间

美国语言学家福科尼尔提出了心理空间理论，其《心理空间：自然语言语义构建面面观》的出版更是推广了心理空间理论，并受到了人们的广泛关注。

（一）心理空间的定义

福科尼尔和科尔森认为，心理空间是储存某些特定领域信息的临时性容器。

福科尼尔和特纳认为，心理空间是人们在进行思考、交谈时，为了达到局部理解与行动的目的而构建的小概念包。

福科尼尔将心理空间分为不同的类型，具体包括域空间、时间空间、时态和语态空间以及假设空间。

（二）心理空间的整合

心理空间的整合是指多个空间之间的相互作用、相互关联。整合理论是基于心理空间提出的理论，它是指两个或两个以上的心理空间通过投影整合为一个崭新的空间。

空间的整合可以通过图式的方式来表示，在图式中，圆圈表示心理空间，圆点表示要素，线条表示空间各个要素之间的关系，长方形后圆圈里的图标表示心理空间中的框架结构。心理空间整合具体包含以下四种情况。

1. 跨空间映射

一个心理空间的整合最少要包含两个输入空间，这两个输入空间中的相应元素间存在部分映射关系，空间的整合以跨空间映射的方式来表现心理空间的整合，如图5-3所示。

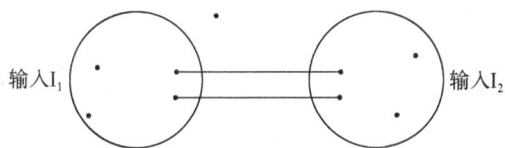

图5-3　跨空间映射

2. 类属空间

类属空间映射到两个输入空间，类属空间包含了输入空间所共有的部分，如一些抽象的结构与组织，并定义跨空间映射的核心内容，如图5-4所示。

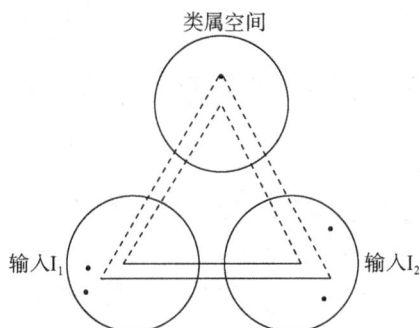

图5-4　类属空间

3. 合成空间

两个输入空间部分地投射到第四空间，即合成空间，如图5-5所示。

4. 层创结构

心理空间的整合还以层创结构体现出来，如图5-6所示。

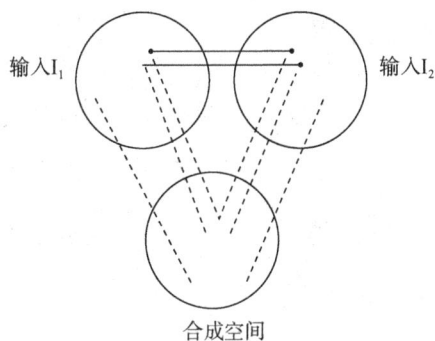

图5-5　合成空间

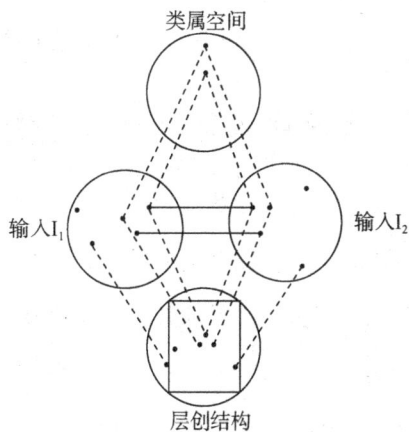

图5-6　层创结构

第三节 认知语言学理论在大学英语教学中的应用

认知语言学是从语言的认知能力与运用能力来确定人们的语言能力，将认知语言学运用在大学英语教学中，教师可充分利用学生的认知能力来讲授语言的相关知识，而且可以通过列举具体事实的方式来开展教学活动。这种教学方式改变了传统语言教学中，将语言的字面意思及其相关知识作为教学重点的模式，使教学更加深入。

一、认知语言学理论在大学英语词汇教学中的应用

(一)概念隐喻理论在词汇教学中的应用

"隐喻是用一种事物暗指另一种事物，它具有多义性和创造性等特征"。人们可以通过概念隐喻来认知世界，隐喻有助于人们理解新词、分辨多义词的含义和掌握词汇的运用，所以将概念隐喻理论运用于英语词汇的教学中，将对英语词汇教学起到重要的指导作用。

隐喻是词汇创新的一个重要方式，它的存在使词汇含义更加丰富多彩，语言表达更加生动形象。例如：

snow-white 雪白的

pitch-dark 漆黑的

green horn 新手(最初指"犄角尚嫩的小牛")

(二)意象图式理论在词汇教学中的应用

一词多义的现象在英语中很常见，通常学生只知道某词的一两个含义，遇到其他含义时就会不知所措，所以多义词就成了学生学习词汇的难点。然而，英语词汇的多个意义是相互联系的，很多意义是从其基本意义中引申出来的。例如：

flight(n.)：

action or process of flying through the air 飞行

ability to fly 飞行的能力

movement or path of a thing through the air 飞行路线

aircraft making such a journey 班机

swift passage, esp. of time 飞逝(尤指时间)

可以看出，多义词的不同意义之间有着密切的联系，而将意象图式理论运用于英语词汇的教学中，将对词汇教学起到重要的指导作用。具体而言，教师讲解多义词时，可以先讲解每个含义的意象图式基础，引导学生寻找它们产生的根源，进而基于意象图式理解词汇的每个意义。在英语词汇教学中运用意象图式理论，可有效激发学生学习的兴趣，还能提高学生的转喻能力。当学生在遇到类似的多义词时，就能根据已经形成的意象图式对词义进行分析和推测。

二、认知语言学理论在大学英语语法教学中的应用

(一)强调语法规则的体验性

语法规则有一定的体验性。认知语言学认为，人类的认知不是直接反映客观世界，而是需要人的身体来完成对世界的反映，所以具有一定的体验性。语言是人类认知的一部分，所以语言也具有一定的体验性。同理，英语语法学习本身就是一个认知过程，因为语法规则也具有一定的体验性。因此，教师在英语语法教学中，可以通过课堂展示，指导学生用手势或其他肢体动作去体验语法规则，帮助学生理解和记忆。例如：

He jumped over the wall.

The students ran across the playground into the classroom.

They often drive through the forest.

教师在讲解上述 over、across 和 through 三个介词的语法使用规则时，可以通过手势帮助学生对它们加以了解和区分："手放开，胳膊向上拱起超越某物"表示 over；"手放平，手掌向下平扫过地面"表示 across；"手用力向前推"表示 through。通过手势，学生可以切实感受这三个介词的空间概念和空间差异，进而切实掌握其具体适用环境。

(二)加强英汉语言思维表达方式的对比分析

因历史背景、价值观念等的不同，英汉语言与文化之间有着显著的差异，这种差异在语法上主要体现为思维方式的差异。所以，在使用语言时，要充分了解目的语文化和认知

方式，这一观点同样适用于英语语法教学。具体来讲，在英语语法教学中，教师要引导学生充分考虑说英语国家人们的思维方式和认知方式，并对比英汉思维方式和语法规则，从而使学生准确理解和掌握英语语法使用规则。

这里主要对英汉语言中的一些常用表达方式差异进行对比分析。

（1）对地址的写法，汉语是从最大范围开始，然后到最小的细节；相反，英语是从最小的细节到最大的范围。例如：

中国河北省石家庄市学院路 5 号（No. 5 Xueyuan Road, Shijiazhuang City, Hebei Province, China）

（2）英汉思维方式差异也表现在句子结构上。汉语通常将表示地点、时间、方式等修饰成分放到句子较前的位置。英语一般将主语、谓语等主要的部分放到句子较前的位置或者句子的主要位置上，然后再跟定语、状语和补语等其他修饰成分。例如：

昨天早上老李急急忙忙骑车来看我。（Lao Li came to see me in a great hurry yesterday morning by bike. ）

三、认知语言学理论在大学英语阅读教学中的应用

图式理论在阅读教学中发挥着重要作用。下面就来研究基于图式理论的英语阅读教学。

（一）基于图式理论的英语阅读教学

基于图式理论的英语阅读教学就是读者在阅读过程中，通过自身背景知识与阅读材料相互作用的过程。英语阅读理解是一个极为复杂的心理过程，在这个过程中，读者大脑储存的语言知识图式与背景知识图式相互作用，并不断地对新输入的信息加以验证、分析和推断，直到完成所有文本的解码。可见，掌握了阅读的心理与思维规律，将会大大提高英语阅读理解的效果。

具体而言，在英语阅读教学中，利用图式理论可帮助学生消化文章的内容，集中学生的注意力，帮助学生对信息进行梳理概括，进而掌握新知识。

目前，很多教师都将英语阅读教学的重点放在背诵词组、分析长难句和讲解语法上，过分强调阅读理解的标准答案，这就属于仅强调语言图式的表现。实际上，英语阅读教学要注重对学生阅读能力的培养。因此，在阅读教学过程中，教师既要加强对学生语言基本

功的训练，又要增加篇章结构知识的讲解，同时还要不断丰富学生的文化背景知识。图式理论就是实现这些目标的基础。

总而言之，图式理论对英语阅读教学的方方面面都影响颇深。

（二）认知语言学理论下的阅读材料选择

英语阅读教学是一种重要的语言输入方式，认知语言学理论认为，语言输入的过程应该符合以下三个原则。

1. 理解性原则

英语阅读教学的目的之一在于提升学生的语言理解能力，但这种能力的提升不是一蹴而就的，需要学生和教师付出很多的努力。阅读材料是英语阅读教学开展的基础，所以选择合适的阅读材料是教师的重要任务。教师在选材时首先要遵循理解性原则，也就是所选择的阅读材料要符合学生的语言水平和认知特点，既不能太难，也不能太容易。最好是选择稍高于学生整体认知水平的阅读材料，这样的阅读材料才能够有效激发学生的挑战兴趣。

在英语阅读教学过程中，教师要多准备一些阅读材料，以便扩大学生语言接触的数量，丰富学生的语言储备，从而为学生今后的英语交际打下坚实的基础。

2. 数量性原则

确保语言输入的数量是提高阅读理解能力的前提条件。由于阅读材料具有多学科性、多层次性的特征，因此在阅读教学中要遵循数量性原则，这对学生认知语言程度的提高具有重要的影响。

由于语言的学习在一定程度上具有机械性、重复性的特征，因此教师要让学生多接触一些阅读材料，这样才能保证学生语言习得的效果。

3. 趣味性原则

认知语言学理论还强调教师选择阅读材料时应遵循趣味性原则。教师要充分了解学生的认知情况和语言水平，然后据此选择一些富有趣味性的阅读材料。这样的阅读材料能有效激发学生的阅读兴趣，促使他们全身心地投入阅读活动中，学生的阅读理解能力也能随之提高。

总体而言，对认知语言学及其相关理论进行研究，可以更加深入地了解语言与认知等方面的内容。而且，将认知语言学理论运用于大学英语教学实践中，可以更好地指导大学英语教学，提高大学英语教学的效率和质量，促进大学英语教学的改革与发展。

▶ 第六章

自主学习能力培养下的大学
英语听说教学改革

对于大多数学生来说，英语听说成了他们的负担，他们在课堂上也都感到非常的焦躁与紧张。在课堂上，教师主要扮演的是播放与解说的角色，因此，学生的听说技能很难得到提升。当前，大学英语教学的目标主要是培养学生的综合能力，其中最主要的是培养他们的听说能力，因为听说能力是开展交际的前提与基础。基于此，本章就对自主学习能力培养下的大学英语听说教学改革进行分析。

第一节　大学英语听力与口语教学面临的问题

一、大学英语听力教学面临的问题

尽管大学英语教学深受重视，并且随着教学改革的深入有所发展，但是在教学中学生"听不懂，说不出"的问题依然存在。因此，有必要对大学英语听力教学中存在的问题进行分析，以便有针对性地解决这些问题，促进大学英语听力教学的发展。

(一)教师问题

1. 课程设置处于弱势地位

在整个大学英语课程设置中,听力教学处于弱势地位,受关注的程度并不高。在多数院校中,大学英语课的周学时为 4 小节,但教师常常将教学中心放在精读课上,部分院校甚至将听力课与口语课相融合,变成听说课,从而稀释了听力课的学时,这使得听力教学课时难以保障,进而影响对学生听力能力的培养。

2. 教学目标有所偏离

大学英语教学中设置了大学英语四、六级考试,本是为了激发学生的学习兴趣,培养学生的英语能力而设置的,但有些教师将通过考试作为教学的指向标,从而忽略对学生听力能力和跨文化交际能力的培养。基于这样的目标,在时间有限的课堂中,教师常会将听力教学安排成题海战术,这样不仅使学生感到枯燥乏味,而且很难真正提高学生的听力能力。

3. 教学模式僵化

受课程设置不合理、教学目标偏离、受重视程度不高等因素的影响,现在的大学英语听力教学存在教学模式僵化的问题。很多教师将主要精力放在完成教学任务上,忽视对教材的整体把握,缺乏对学生的有效指导,甚至目标不明确,只是机械地、一遍遍地播放录音,学生只能被动、盲目地听,这使得听力教学拘泥于"听听录音、对对答案、教师解释"的单一模式中。在这种教学模式下,不仅课堂氛围沉闷,而且导致学生的学习积极性不高,更难以培养学生的听力能力。

(二)学生问题

1. 基础知识积累不足

目前,尽管听力教学受到了学生的重视,但是很多学生的听力水平仍旧不高,这在很大程度上源于学生基础知识积累不足。一方面,学生缺乏必要的语音知识,对音节、连读等掌握不牢固,加之词汇量的积累有限、欠缺语法知识等,这些都会对学生的听力理解造成一定的影响。另一方面,学生缺乏良好的英语学习环境,因此学生很难对英语音调、韵律等具有敏感性。由于基础知识积累不足,学生的听力能力很难得到提高。

2. 对听力缺乏兴趣

由于教学方式的单一性和听力本身的复杂性，很多学生对听力学习缺乏兴趣，甚至从心理上对听力产生抵触情绪。这种抵触情绪会进一步降低学生参与听力活动的积极性，甚至是应付听力学习，使听力学习收效甚微。

3. 学习形式单一

受传统教学模式的影响，学生在学习英语听力时，十分依赖教师的教学，依赖于学校的规划和课程安排，进而导致自主学习听力的能力较低，在英语听力上得不到成就感，学习兴趣降低，最终导致整体学习效果不佳。此外，学生跟随教师的课堂讲解，既不利于学生建立个性化的英语知识框架和体系，也不利于学生自主学习能力的提升。

4. 缺乏英语文化知识

语言与文化密切相关，很多听力材料中都渗透着文化知识。很多学生无法准确理解听力内容，部分原因就在于缺乏必要的文化背景知识。对此，学生在听力学习中不仅要学习听力技能，还要学习文化知识，了解英语国家的历史文化、思维方式等，掌握中西方文化间的差异，这样才能为听力学习扫清障碍，最终提高听力水平。

5. 缺乏英语听力环境

我国学生是在汉语环境下学习英语听力的，而且主要通过教材和课堂来学习英语听力，学生在课本上学到的英语都是规范英语，教师在教学中为了便于学生理解，常会放慢语速，使得语流失去了正常的节奏。但在英国和美国，人们在实际交际过程中使用的语言具有很强的口语化特征，常使用口语化表达。而在课堂教学中，这种口语化的语言很少出现，学生接触不到地道的英语表达，也就很难提高英语的听力能力。

6. 不善于利用课余时间

课堂教学的时间是有限的，因此，对课堂教学起着补充作用的课余时间的利用率直接影响着学生的听力水平。但是，在实际学习中，学生并没有充分利用课余时间。很多学生没有制订自己的学习计划，只是依靠课堂教学，但课堂教学是面向全体学生的，是教师针对学生的平均水平制订的，并不能满足学生的个性化需求。如果学生能够制订适合自己的学习计划，并充分利用课余的零散时间，将英语听力学习与日常生活相结合，对提高英语听力水平将起到事半功倍的效果。

二、大学英语口语教学面临的问题

口语作为一项重要的英语技能，具有显著的实践性特征。对于现代的大学生来说，口语教学是培养他们交际能力的重要途径。但是目前来看，我国大学英语口语教学的现状并不乐观，口语障碍和口语教学中的问题普遍存在。对这些问题进行分析，并有针对性地解决这些问题，将大大改善大学英语口语教学的现状，消除学生的口语障碍，提高学生的口语表达能力。具体而言，大学英语口语教学中的问题体现在以下两个方面。

(一)教师问题

1. 教学模式缺乏创新

相较于其他英语技能教学，口语教学的实践性更强，需要通过交流和沟通来实现教学目的。这就需要教师根据教学目的创新教学模式，培养学生的口语实践能力。但是，就目前的大学英语口语教学来看，教师依然采用传统的教学模式，即先讲解、后练习、再运用。这种教学模式虽然符合教学规律，却制约了学生的学习积极性。在这种教学模式下，学生只能被动地接受知识，机械地进行练习，根本没有独立思考和自主学习的空间。现在的学生都习惯接受新鲜事物，根本无法适应单调且缺乏创新的教学模式，这种枯燥的教学模式只会影响学生构建语言的创造力，也会将学生的学习热情消磨殆尽。

2. 课堂缺乏互动

在大学英语口语教学中，师生和学生之间的交流和互动是教学的重要内容，也是口语教学的核心，对培养学生口语表达能力、实现教学计划起着关键作用。但是，在当前的大学英语口语教学中，教师依然在课堂教学中处于中心地位，教师占据着绝对的主导权，课堂教学缺乏互动与合作，学生没有开口说英语的机会，更没有开口说英语的积极性，自主能力得不到培养，最终使口语教学陷入僵局。

3. 忽视口语实践训练

尽管当前大学英语口语教学受到了教师的重视，教师也尝试探索相应的口语训练措施来提升学生的口语能力。但是，教师对学生的口语训练仅局限于课堂教学，而忽视了学生课后的口语强化训练，也很少向学生推荐相关的口语训练平台，最终导致学生的口语训练效果不佳。

(二)学生问题

1. 思路不明确

思路不明确是学生口语学习过程中常遇到的一个问题。在英语口语练习过程中,学生会存储一定量的信息,并组织信息进行表达。但在实际表达过程中,学生的思维常会受到限制,尤其是遇到一些生词的时候,就无法判断要说的词汇和内容,在有效的时间内不能找到合适的句式来表达自己的想法。因此,思路不明确会影响学生的口语技能。

2. 存在心理障碍

心理障碍是当前学生在大学英语口语教学中存在的重要问题。这种心理障碍具体表现为自信心不足,存在焦虑的情绪。这种焦虑现象的存在必然会对学生的口语学习造成影响。

3. 口语练习手段单一

现在学生练习口语的手段依然十分单一,学生通常是在课堂上按部就班地学习英语口语,或者是找外教练习口语,这并不利于提高学生的口语水平。实际上,随着社会的发展和知识的更新,大量的口语 App 诞生并被广泛运用,各大高校也建立了自己的英语自主学习平台,这为学生锻炼口语创造了条件。学生可以充分利用这些资源来提高口语能力,而不必拘泥于传统的学习方式。

第二节 自主学习能力培养下的大学英语听力教学改革

一、大学英语听力教学概述

(一)听力的内涵

1. "听"

在学者鲁宾看来,听是一个包含主观能动性的过程,它涉及听者信号的主动选择,然后对信息进行编码加工，从而确定正在发生的事情以及发话人想要表达的意图。

理查兹和施密特对"听力理解"进行了专门的探讨，他们认为，听力理解涉及的对象是第一语言和第二语言，所要做的事情就是弄懂这两种语言。但是，对这两种语言的理解是有本质区别的。其中，对第二语言的听力理解比较关注语言的结构层面、语境、话题本身以及听者本身的预期。

著名学者林奇和门德尔松特别指出了"听"和"说"的内在联系，他们认为要想成功地"听"，还必须在"说"上下功夫，但是"听"也受到其他声音信息和画面信息的影响，这就要求听者在已有经验的基础上，根据语境来对话语进行准确的把握。另外，"听"不是单一的，是一种连续不断的处理过程，包含以下四个部分。

（1）如何将语音进行划分。

（2）如何对语调形成一种认识。

（3）如何对句法进行详细的解读。

（4）如何把握语境。

大多数时候，上述过程是在人们无意识中悄悄进行的。

此外，两位学者还就"听"和"读"的联系与区别进行了阐释，并认为与"读"相比，"听"的作用更加显著，具体包含以下四点：

（1）让人感受到一种韵律的美。

（2）让人产生一种追逐速度的急切心理。

（3）对信息的加工和反馈都在最短的时间内完成。

（4）耗时较短，通常不会重复进行。

"听"与"读"都是一种对信息的输入，但是在大学英语听力学习中教师绝对不能将"听"视为阅读的声音版，而应该认真研究"听"的本质属性，并据此组织教学，从而帮助学生获得一定的听力技能。

2."听力理解"

从信息论的角度来讲，听力理解是对信息进行认知加工的过程。"听力理解"呈现以下六种特征。

（1）时效性。时效性是指听力理解要求听者在一定的时间内高效地对声音信息进行加工。要做到这一点，听者需要认识到时间的紧迫性，并且能够快速判断。声音信息输入的流线型特点也同样要求听力理解具有时效性，听力理解是否具备时效性，往往成为衡量一个人听力能力的关键指标之一。

在大学英语听力的学习中，教师可以将听力理解的时效性特点向学生进行详细的解释，这样可以督促学生做出更好的听力计划，促使学生监控和评估自己的听力能力。如果要想保证理解效度的最大化，听者就需要解决自身听力的时效性，如果不能解决这一问题，那么听者就很难理解发话人接下来的话。

（2）过滤性。过滤性是指听者在听力理解过程中，能够准确地筛选出有价值的信息，剔除那些无用的甚至是干扰的信息。简单来讲，过滤性就是"抓关键信息"。

显然，听者不需要原原本本地将听力内容在头脑中放映一遍，但是必须能够把握住听力内容的中心思想。因为听力理解的内容是连续性的语言符号，人们必须从整体上把握内容，而不是孤立地关注某一个因素。想要把握听力内容的中心思想，不偏离听力内容的大方向，就必须先获取发话人的"主题"，然后围绕这一主题探索事件发生的时间、地点、过程，以及发话人的思想情感等边缘要素，主题和边缘要素存在着一种内在的连贯性。

（3）即时性。即时性是指听力理解无法提前安排和计划，都是随时进行、随时结束的。这就使我们不可能提前对听力理解进行演练，从而导致了听力理解的不可预知性，这正是它的难点所在。因此，在听力学习中，教师应该尽可能地培养学生对听力材料的适应能力，能够对各种情况做到随机应变。

（4）推测性。推测性是指听力理解是通过推理进行的。其实说到底，只要是含有理解的行为，就少不了推理的存在。具体来讲，推理就是依靠自己的主观能动性不断验证先前假设的认知过程。

在一次完整的推理中，有两个环节是必不可少的：首先是预测将要发生的事情，其次是对结果进行推断。当然，这两个环节有其存在的前提，也就是我们不能做无缘无故的预测，那是妄想，而是要根据已有的知识经验来推测未知的事物，并且已有的知识经验和未知的事物之间是有着内在关联的，听者就是需要通过这些显性或者隐性的关联来寻找发话人的信息，从而推测发话人的意图。

（5）情境性。情境性是指听力理解发生在特定的时间和场合下的，时间、场合就构成了听力理解的情境。随着时间和场合中任何一方面的改变，情境也会随之改变，这就产生了不同的听力情境。

听者之所以要关注听力理解的情境，是因为这些情境中包含着很多重要的细节，它们决定了听者对话语意义的理解，也为即将产生的话语提供理解的线索。在日常的听力学习中，教师要提醒学生注意情境，有意识地提高学生对情境的敏感度，从而促使学生对话语有更准确的理解。另外，教师应该尽量为学生创设真实的情境，因为语言的运用就是在真实的情境下发生的。

(6)共振性。"共振性"这一概念应该是从物理学中移植过来的，表示一种瞬间感应性。听力理解具有共振性，是指听力理解是在对应原则的基础上发生的，有着自己独特的经验和惯性。

具体来讲，在听力理解中，一些新信息不断刺激大脑，从而激活大脑中已有的知识，新知识和已有知识之间的交流就是共振。那也就意味着，你拥有的知识总量和你的感知能力的高低是成正比的，和你的共振效率也是呈正相关的。听力理解的共振性和信息加工理论中的"编码—解码"程序具有很大的关系。

(二)大学英语听力教学的原则

大学英语听力教学应遵循科学的教学原则，确保学生的听力能力得到锻炼，促使学生能够有效的进行跨文化交际。具体而言，大学英语听力教学应遵循以下五项原则：

1. 循序渐进原则

大学英语听力教学应层层有序开展，从简单到复杂逐步进行，即要遵循循序渐进的原则。具体而言，在大学英语听力教学中，教师应充分了解学生的学习情况，选择符合学生学习阶段和水平的听力材料，并且听力材料要由易到难，同时兼顾多样性和真实性。在听力教学初期，教师要选择语速适中、吐字清晰的材料，随着教学进度逐步增加难度。听力材料也要贴近生活，最好选择社会热点话题、故事以及日常会话等，以激发学生学习的兴趣。

2. 强化文化背景知识原则

语言与文化密切相关，很多英语词汇、短语、句子等都蕴含着丰富的文化信息，如果不了解语言背后的文化信息，将很难理解其内在含义，更无法有效的进行交流。可以说，很多听力材料背后都蕴含一定的文化知识，学生如果没有掌握必要的文化背景知识，即使听懂了个别甚至全部语句，也不一定能够完全理解材料所隐含的深层文化含义，进而影响对材料的准确理解。因此，在大学英语听力教学中，教师必须重视强化学生的外国文化背景知识，提高学生对文化知识的敏感度。教师可以通过组织一些活动，如播放优秀的外国影片、引导学生阅读一些文学名著和组织具有鲜明特色的文化交流活动等，来培养学生的文化素养，进而提高学生的写作能力。

3. 激发兴趣原则

听力能力的提高需要一个过程，不能一蹴而就，而且需要不断地练习和努力，很多学生由于自己听力能力不佳，加上进步缓慢，因此，对听力学习缺乏兴趣。可见，兴趣对于英语听力学习至关重要，对此，教师在开展大学英语听力教学时，应有意识地激发学生的兴趣，也就是遵循激发兴趣的原则。具体而言，教师在进行听力教学前，首先，要充分了解学生的兴趣所在，即了解学生对哪些听力活动和听力内容感兴趣；然后以此为依据来调整教学内容和教学方法并激发学生的听力兴趣，调动学生的积极性，进而提高学生的听力水平。

4. 情境性原则

听力是交际的重要方式，学生只有在自然、真实的环境中，才能与环境产生相应的互动，获得真实的语言体验。很多教师往往都有这样的感受，即教师竭尽全力鼓励学生参与课堂活动，但学生依然对听力学习缺乏积极性，导致课堂教学气氛沉闷。实际上，良好的课堂氛围需要师生共同营造，教师应该与学生进行积极沟通，充分发挥自己的指导作用和学生的主体作用，营造活跃、自然和民主的课堂环境，创建英语语言情境，进而培养学生的听力能力。

5. 气氛活跃原则

在大学英语听力教学中，教师必须意识到情感因素的重要性，情感是学生智力与非智力发展的原动力，学生只有有了一定的情感体验，才会有相应的智力及非智力活动，才能对所学知识产生感情，从而在学习中获得事半功倍的效果。在听力教学中，教师也要充分重视情感因素，在教学各个环节都要充分考虑学生的情感因素，有效降低情感过滤作用，使学生积极参与课堂上的各种活动，从而达到获得信息、吸收语言的目的。

在大学英语听力教学实践中，很多教师都把听力课上成了测试课，一上课就为学生播放听力材料，听完后直接对答案。这样会使课堂气氛沉闷，学生的情感压抑，进而反应冷漠，教学效果自然不理想。因此，教师要为学生创造一个轻松、愉快的课堂环境。例如，教师在听的过程中可以穿插一些幽默小故事、笑话、英文小诗、英文卡通或英文歌曲等，也可以根据实际情况改变听的形式或更换听的内容，总之，教师应努力消除学生因焦虑、害怕等产生的心理障碍，创造一种和谐愉快的课堂气氛。

二、自主学习能力培养下大学英语听力教学改革的方法

在大学英语听力教学中，教师应不断更新教学理念，创新教学方法，以提高教学质量和效率。具体而言，教师可以采用以下三种方法来开展大学英语听力教学。

(一) 技能教学法

有效的听力是需要一定的技巧的，因此，在大学英语听力教学中，教师应向学生介绍几种常用的听力技巧。

1. 听前预测

在进行听力之前，进行一定的预测是很有必要的。在教学中，教师可以指导学生在正式听听力材料之前，先浏览一下听力问题，据此预测听力测试的范围，如地点、时间、人名等，这样可使听力更具有针对性和目的性。

2. 抓听要点

在听的过程中，要学会抓听要点，也就是抓听交际双方言语活动中的主要内容、主要问题、主题句和关键字等，对于一些无关紧要的内容则可以不用重点去听。

3. 猜测词义

听力过程中不可能听明白每一个词，而且有时难免会遇到陌生的单词，此时如果停下来思考这个词的意思，就会影响整个听力材料的理解。这时可以继续听，通过上下文来猜测词义，这样既不会中断思路，又能流畅地理解听力材料内容。

4. 边听边记

听力具有速度快和不可逆转性的特点，听者在有限的时间内不可能听懂和记住所有的内容，此时就需要借助笔记来辅助听力活动，也就是边听边记录。听力笔记不需要十分工整，听者自己能看明白就行。

(二)文化导入法

1. 通过词汇导入

词汇是语言的基本要素，其蕴含着深厚的文化内涵，要想了解西方文化，首先要从词汇开始。在大学英语听力教学中通过词汇向学生导入文化知识，不仅可以提高学生的文化意识和素养，还能丰富学生的词汇量，为听力能力的提高奠定基础。例如，"狗"这一动物在中国文化中多具有贬义色彩，从"狗腿子""狗拿耗子"等表达中就能看出，而在西方文化中，dog深受人们的喜爱，被人们视为好朋友。可见，在听力教学中，有意识地扩大学生的词汇量，丰富学生的词汇文化知识，将对学生听力能力的提升大有裨益。

2. 通过习俗导入

交际中必然会涉及习俗文化，如打招呼、称呼、感谢等，学生了解这些习俗文化对听力能力的提高具有重要意义。在具体的听力教学中，教师可以设计情境对话，或者安排学生进行角色扮演，让学生置身于英语环境中感受英汉习俗文化的差异，听取地道的英语表达，锻炼学生的英语听力能力。

3. 通过网络多媒体导入

现代信息技术的发展促使网络开始普及，并且在各个领域发挥着巨大的作用。在信息化时代，教师可以充分利用网络多媒体技术向学生输入文化知识。具体而言，教师可以通过多媒体设备向学生展示文化知识，引导学生进行广泛的听力活动。此外，教师可以鼓励学生通过网络寻找听力资料进行练习，这样可以培养学生的自主学习能力，从而锻炼学生的听力能力。

(三)电影辅助法

英语电影能够营造真实、生动的听力环境，而且能够帮助学生更好地了解西方文化，从中体会中西文化的差异，进而提高跨文化交际能力。因此，将英语电影用于大学英语听力教学中，可有效的激发学生的学习兴趣，提高教学的效率和学生的听力水平。具体而言，可采用以下步骤开展教学。

1. 观赏影片前

在观赏影片之前，教师和学生需要做一些准备工作。这些准备工作是指在选定影片之后，教师要为学生布置好与电影主题相关的作业，鼓励学生在课下通过网络搜集一些与电影背景相关的信息，通过此方式加深学生对影片的了解。在临近观看前，教师要对影片的相关内容进行介绍，并提出相关的拓展学生思维的问题，如影片中有哪些俚语以及主角爱好等，这样能够引导学生带着问题和好奇心去观看影片。在准备工作完成后，学生在了解影片的基础上，边观看影片边解决问题，以期达到更好的学习效果。

2. 观赏影片中

在观看影片过程中，教师可选择和运用影片中某个经典片段的放映来指导学生进行精听。精听要求学生听清每一个词、短语和句子，清楚每一个情节。通过精听，教师可以更好地引导学生学习影片中的语言。在精听的同时，教师还可以采取泛听的方法，让学生了解影片的故事梗概。此外，在播放影片的过程中，教师可以根据学生的英语水平和影片中的相关内容适时的暂停影片，提醒学生影片中的一些关键对话，辅助讲解一些俗语、委婉语和禁忌语等，同时分析其中所涉及的中西文化的差异，帮助学生掌握语言精华，培养跨文化意识。

3. 观赏影片后

在影片结束之后，教师可以有针对性地进行拓展活动，即选择影片中的经典情节，组织学生进行角色扮演，从而巩固学生的听力水平，锻炼学生的表达能力，提高学生发音的准确性，培养学生的语感，同时树立学生的信心，促使学生开展合作学习。另外，教师可以鼓励学生谈论影片的主题及意义，引导学生撰写影评，这样可以巩固学生通过影片所学的词汇、语法等知识的运用，进而提高学生的写作水平。

总体来说，英语电影语言丰富、情节生动，深受学生的喜爱，将其运用于大学英语听力教学中，能够为学生营造一个真实的语言环境，锻炼学生的听力能力。但需要注意的是，采用电影辅助法开展大学英语听力教学，在选材上要多加留意，要选择那些语音纯正、用词规范和内容健康的经典影片，这样才能让学生学到地道的英语表达，从而提高学生的听力水平。

三、自主学习能力培养下的大学英语听力学习策略与技巧

(一) 听力认知策略

根据认知理论，听力理解是一个需要听者积极构建意义的过程，也是一个复杂的认知

过程。在学习中运用认知策略对学生建构意义、提高获取信息的能力大有裨益。将基于认知策略的听力教学模式(图6-1)运用到大学英语听力教学实践中，对提高学生的听力水平和教学效果十分有利。

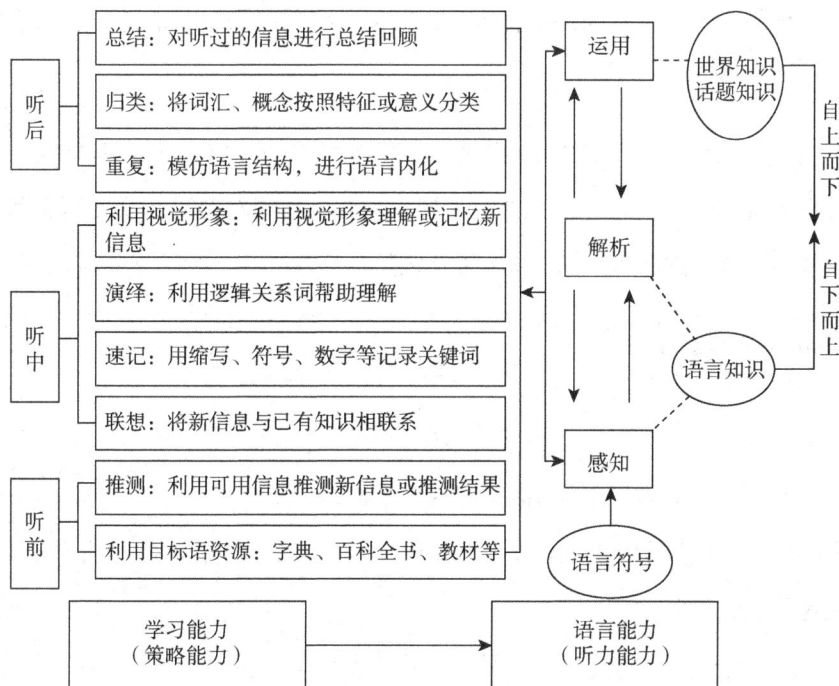

图6-1　听力理解过程中认知策略模型

基于认知策略理论的英语听力学习模式的实施步骤具体如下。

1. 听前阶段

在听前阶段，教师的主要任务是让学生对听力材料的背景有所了解，教会学生使用目标语资源和推测策略，通过各种途径，如查阅词典、百科全书等资料扫除词汇障碍，同时激活学生已有的知识储备，为即将进行的听力活动做好准备。

2. 听中阶段

在听中阶段，教师要培养学生的联想、推测、演绎和速记等能力来帮助学生完成听力活动。以《新视野大学英语视听说教程》(第三版)Book 1, Unit 7 *Weird, wild and wonderful* 为例，本单元涉及的话题是自然与环境问题。在听力教学中，教师首先要充分激活学生头脑中储存的有关环境问题的图式，如水源污染、大气污染和森林破坏等，让学生合理推断文章内容。在听第一遍录音的过程中，教师要求学生概括文章大意，这就要求学生在语音听辨的过程中，结合自己的储备知识，运用联想策略，归纳篇章大意。在听第一遍录音的过程中，学生需要把握细节信息，完成表格中的空缺信息，教师要训练学生集中注意力、抓住重要信息、进行速记的能力。在听力活动结束后，如果信息有遗漏，教师可以引导学生运用推测、联想等策略，进行合理的推测，以增强学生对听力材料的理解和掌握。

3. 听后阶段

在听后阶段，教师要训练学生通过归纳、总结等能力对听力材料内容做进一步的加工处理，以实现语言的内化。此外，教师应指导学生对听过的材料进行重复听力练习，让学生进行模仿训练，从而起到巩固语言基础的作用。

（二）听力训练法

听力训练的方法主要可以归结为如下八点。

（1）听—画：学生边听英语，边画出相应的图画。

（2）听—视：学生边看黑板上的图画，边听老师讲课。有条件的地方可利用投影仪、幻灯片或录像机进行视听训练。

（3）听—答：教师对听的内容进行提问，并要求学生口头回答。

（4）听—做：教师根据所听的内容发出指令，要求学生做出相应的行动或表情，如"Show me how David felt when he met Jane at the airport."教师使用课堂用语时向学生发出的指令也应属于此类，如"Come to the front."

（5）听—猜：学生在听前根据老师的"导听问题"提示，并结合已学的知识对所听的内容进行预测。

（6）句子段落理解：教师放录音或口述句子、段落，学生一边听，一边看教师示范表演：各句意思以指出或举起相应的图画或做相应的动作来表示；教师用手势画出单词重音、语调符号和节奏，并让学生模仿。

（7）短文理解：学生先听录音，然后根据短文的内容，进行形式多样的练习以帮助听力理解，如听录音回答问题、听录音做听力理解选择题、听录音判断正误、听录音做书面完形填空、复述短文大意、做书面听力理解练习题等。

（8）课文听力训练：教师在讲新课文之前，先让学生合上书本，听两遍课文录音，或听教师朗读课文；讲课文时，教师一边口述课文，一边提出生词，利用图片、简笔画、幻灯片或做动作向学生示意等方式，帮助学生达到初步理解的目的；学生根据课文内容进行问答，如就课文中的生词或词组提问、就课文逐句提问、就课文几句话或一段话提问等。

当然，在进行听力训练时，也需要符合一定的要求。具体来说，归结为如下八点：

(1)熟练掌握英语课堂用语，尽可能使用英语组织教学。

(2)充分利用音像设备(如录音机)和软件资料进行大量的听力训练。

(3)遵循循序渐进的原则，听力训练时听力材料难度应该由浅入深，生词量由少到多，语速由慢到快，长度由短到长。

(4)尽量将听与说、读、写等活动结合起来进行训练。

(5)结合语音、语调的训练，特别是朗读技巧(单词重音、句子重音、连读、辅音连缀、停顿和语调)来训练听力。

(6)听前让学生明确目的和任务。

(7)把培养听力技巧(辨音、抓关键词、听大意和听音做笔记等)作为教学的主要目标。

(8)布置适量的课外听力训练。

第三节　自主学习能力培养下的大学英语口语教学改革

一、大学英语口语教学概述

(一)口语的内涵

对于学习英语口语的学生而言，他们想要使用英语进行口语表达，首先，就需要掌握一些英语基础知识，如英语的节奏感、语音、语调等，提升英语口语并不是一件容易的事情，学生除了要掌握发音，还要掌握这门语言的功能。个体想要掌握一门语言，不仅要学会发音，还需要把握这门语言的其他方面的知识内容，如这门语言背后的社会习俗、文化背景、交际方式和社会礼仪等。可见，语言交际看似简单，其实相对复杂，是上述所有内容的一种综合体现。

人们对口语能力这一概念的理解不尽相同，不同的理解通常会带来不同的教学效果。英语作为一门语言，是随着社会的发展而发展的，其学习理念同样也会逐渐变化。以前，人们认为英语教学的理念就是发展学生的语言能力，让学生掌握基本的语音、词汇、语法和句法，学生只要对这些知识有了充分的掌握，就会自觉学会运用，流利地使用这门语言进行沟通与交流。然而，现实情况往往与人们想象的局面大相径庭，而这种理念引导下的教学结果的弊端也越来越大。

20 世纪 70~80 年代，西方国家涌现出大量的移民，在美国、新西兰、加拿大等国家都是如此，在这一状况的影响下，语言学领域的研究者以及作为一线工作者的教师对语言学习的传统模式有了很大的意见，他们的理念开始发生转变。这些人认为，学生只掌握语言的语音、词汇、语法等知识并不能真正地学会英语，更不意味着可以流利地开口讲英语，甚至不能利用自己所学的这门语言在社会上谋生。

随后，学者以及教师开始将英语语言能力视为交际能力的一个组成部分。有的学者认为，交际能力是语言学习者与他人利用语言这门工具所进行的信息互动，进而生成一种有意义的能力，这种能力区别于做语法、词汇知识选择题的能力。然而，学习者如果想要获取更加高级的交际能力，就必须对所使用语言的社会环境和文化环境有一定的了解。社会语言能力往往指的是使用语言的人，在不同的场合与环境中运用语言的能力，这一能力涉及的层面如下。

（1）语域，即正式语言或非正式语言的使用。

（2）用词是否恰当。

（3）语体变换与礼貌策略等。

（二）大学英语口语教学的原则

在大学英语口语教学中，教师应遵循科学教学的原则，以此有效提高学生的口语水平，提升教学的效率，具体而言，可遵循以下五项原则。

1. 先听后说原则

在英语语言技能中，听和说是相辅相成的，听是说的基础，俗话说"耳熟能详"，只有认真听、反复听和坚持听，最终才能说出一口流利的英语。因此，大学英语口语教学应当坚持先听后说原则，即教师首先应注意加强学生听的能力，其次才是说的能力。只有坚持先听后说原则，才能帮助学生掌握正确的发音，为训练口语的能力打下良好基础。

2. 循序渐进原则

口语能力的提升需要一个很长的过程，不可能一蹴而就，因此，在大学英语口语教学中，教师应遵循循序渐进原则，即由易到难、由理论到实践，层层深入，逐步提升学生的口语能力。我国的大学生来自全国各地，不仅英语水平参差不齐，发音也会受到方言的影响，因此教师在口语教学的过程中，首先应该解决学生发音层面上的问题与困难，纠正他们的错误发音，让学生根据从简单到复杂的程序，从语音、语调、句子和语段等层面逐步进行锻炼。另外，教师在安排与设计教学步骤时也要遵循科学原则，充分把握难易程度。如果教师的教学目标定得太高，学生学习起来就会有压力；如果目标定得太低，学生学习起来会缺乏挑战性和乐趣，因此，教学目标设计要适度，符合学生的实际水平。

3. 目的性原则

所谓目的性原则，是指明确口语教学的最终目的。在口语学习的过程中，学生十分在意自己在语言交流中是否犯了语法错误、是否发音标准等问题。实际上，交流沟通并不拘泥于形式上的格式要求，在语言交流过程中产生语法错误是不可避免的，即使本国人用母语交流，也会出现用词不当、语法不符合标准等问题。因此，学生口语学习和教师口语教学的重点不在于如何纠错，而在于如何有效地进行交流。交际中的一些小错误可以被忽略，相较于追求语言形式的准确，流利地进行沟通能更好地表达深层含义。因此，大学英语口语教学应明确目的性原则，在教学中应认真聆听学生的交谈，而不要因为某个错误而打断学生讲话，中断学生思路。教师可以在学生交流结束后，针对交流中存在的一些细节问题加以指导，并且给予鼓励，这样既能激发学生大胆讲英语的积极性，也能引导学生在日常生活中学会自我纠正。

4. 互动原则

口语练习本身是一件很枯燥的事情，长期的枯燥练习很容易使学生失去对口语的兴趣。对此，教师在口语教学中要坚持互动性原则，不要放任自流，完全不管学生的练习进度与练习效果。教师应努力使学生的口语训练充满互动性，这种互动能有效的保持学生对口语学习的兴趣。此外，为保证练习的互动性，教师为学生设计的话题应能使学生展开互动性的练习活动，使学生之间进行有效的互动练习。

5. 内外兼顾原则

所谓内外兼顾原则，是指考虑问题时要顾及内、外两个方面。在这一原则的指导下，教师在大学英语口语教学的过程中不仅要重视课堂教学，还需要引导学生合理利用课外活动来练习口语。事实上，学生的口语学习应该以课堂教学为主，并且将课外活动中的口语学习作为课堂学习的一种补充，二者相互促进、相互配合。在课堂教学练习的基础上，学生开展相应的课外活动，可以将课堂上所学习的知识在课外活动中进行充分实践，从而达到复习、巩固知识的目的。

此外，学生在课外活动中还可以运用课堂上所学习的理论知识，将知识内容转化为技能。与课堂活动相比较而言，课外活动的氛围比较轻松，学生的心情也会十分愉悦，在这种放松的心情下来练习口语将会取得令人意想不到的效果。在课程结束后，教师为学生安排作业与练习前，可以将学生进行分组，让学生以小组为单位来完成作业，通过相互讨论小组任务，可以帮助学生提升自身的口语能力，也可加强学生的团结协作能力。

二、自主学习能力培养下的大学英语口语教学改革方法

在英语口语教学中进行文化渗透需要采用科学的教学方法，将目光投向文化教学，实现口语教学与文化教学的融合，从而丰富学生的文化知识，扩大学生的文化视野，进而提高学生的口语表达能力和跨文化交际能力。具体而言，教师可采用以下方法开展教学。

(一)文化对比法

英汉文化差异对口语交际有着很大的影响，因此，在英语口语教学中，教师应加入中国文化元素与西方文化元素的对比，呈现中西文化之间的差异。以饮食文化为例，西方人宴请客人时，多考虑客人的口味、爱好，菜肴通常经济实惠；中国人为了表示热情好客，在请客时通常准备多道菜肴，而且讲究菜色搭配。教师引导学生进行文化对比，不仅能提高学生的文化适应性，也能减少汉语思维的负面影响，进而提高学生的跨文化交际能力。

(二)创境教学法

口语学习的目的是进行实际交际，所以学生只有在真实的情境中开口说英语，才能使自己的口语能力得到锻炼。对此，教师可以采用情境教学法开展口语教学，即创设真实的

情境，让学生在真实的环境下学习口语。具体而言，教师可以通过角色表演和配音两种活动来创设情境，并锻炼学生的口语能力。

1. 角色表演

教师可以根据教学内容让学生进行角色扮演，将主动权交给学生，让学生进行自主分工、自行排练，然后进行表演。这种方式深受学生喜爱，不仅能缓解机械、沉闷的教学环境，还能激发学生说的兴趣，让学生在真实的社会场景中进行社交活动，并锻炼口语能力。当学生表演结束后，教师不要急于评价学生，应首先给学生一些建议，然后再进行点评和总结。

2. 配音

配音是一种有效锻炼学生口语能力的方式，教师可以充分利用配音活动来提高学生的口语水平。具体而言，教师可以选取一部英文电影的片段，先让学生听一遍原声对白，同时向学生讲解其中的一些难点，然后让学生再听两遍并记住台词，最后将电影调至无声，让学生进行配音。这种方式可有效激发学生开口说的积极性，而且能让学生在欣赏影片的同时锻炼口语能力。

（三）交际教学法

交际教学法诞生于 20 世纪 80 年代，其以交际能力的培养为目标，更加注重语言的实际运用，旨在提高语言交际的质量。交际教学法认为，英语教学的根本目的就是培养学生的交际能力，因此，各种语言知识与技能的学习与训练都必须为交际服务。交际教学法打破了传统教学中教师"一言堂"的教学模式，教师不再是教学的"主角"，学生也不再是被动接受的"观众"。在交际教学中，教师要发挥自身的主导作用，尊重学生的主体地位，合理安排课堂活动，将学生置于真实的语言环境中，并帮助学生开展各种交际活动。

在口语教学中，交际教学法是一种行之有效的方式，课堂口语训练的内容有很多，如语音训练、会话技巧和交际技巧等，无论哪种训练，其核心内容都是语音的功能。

三、自主学习能力培养下的大学英语口语学习策略与技巧

（一）课外活动练习法

英语课程的课堂时间十分有限，学生仅仅依靠课堂上的学习时间往往很难满足自身学

习任务的要求，所以教师应该引导学生自觉利用身边一切可以利用的时间和环境来练习口语。在课外，学生学习的知识可以作为课堂教学内容的补充，如果教师能够利用丰富的第二课堂，即课外活动，那么学生自身的口语能力提升的速度也是显而易见的。例如，教师可以组织学生进行英语演讲、英语作文比赛和英语短剧表演等活动，让学生将自己的表演录成视频，并在多媒体教室播放，学生通过观看视频来提出自己的建议与评价，这可以在短时间内提升学生的英语口语能力。此外，有条件的学校还可以邀请一些外籍教师为学生进行课外讲座，或者创办英语学习期刊，设立英语广播站等，让学生在丰富自己课余生活的同时能体会到学习英语口语的乐趣，从而更加热爱英语口语学习。

(二) 美剧学习法

在大学校园中，十分流行美剧，深受学生的喜爱。实际上，美剧并不仅只是一种消遣方式，还是帮助学生认识西方文化、提高口语表达能力和交际能力的重要途径。对此，教师可以借助美剧来开展口语教学，以改善口语教学环境，激发学生的学习兴趣，锻炼学生的口语表达能力。

1. 选择合适的美剧

美剧通常语言地道、故事情节生动，富有吸引力，是一种有利于激发学生兴趣的学习资料。美剧类型丰富、题材各异，不同类型的美剧对学生的口语能力所发挥的作用也不相同，因此，在运用美剧开展口语教学时，教师要对美剧进行筛选，选择有利于发展学生口语水平的美剧。此外，教师还要提醒学生不要只沉浸在对美剧的欣赏中，而忽视对美剧中语言知识和文化背景的学习，鼓励学生带着学习目的来观赏美剧。

2. 开展层次性的反复训练

在运用美剧进行口语教学时，教师应遵循循序渐进原则，开展反复性的练习，逐步提升学生的口语能力。例如，在首次观看的时候，教师要引导学生将精力放在剧情上；在第二次观看时，教师可以引导学生对剧中的表达和语法等进行推敲；第三次观看时，教师可引导学生重点对人物说话的语气，以及台词所隐含的内容进行挖掘和分析。分层逐步开展，可以有效加深学生的理解和记忆，对提高学生的口语能力十分有利。

3. 关闭字幕、自主理解

在观看美剧时，很多学生习惯看字幕，脱离字幕将无法正常观看影片。实际上，这样观看美剧的方式并不利于提高口语表达能力。学生在观看美剧时，应对台词形成自己的理解，在不偏离剧情中心思想的情况下抛开字幕自主理解，可以有效地锻炼其英语交际思维。

4. 勇于开口模仿

学生要想通过美剧切实提高口语交际能力，就要在听懂台词、了解剧情的基础上开口说，即对剧中人物的台词进行模仿。只有不断地开口练习，才能培养英语语感，增加知识储备，进而提高英语口语交际能力。总体而言，采用美剧来辅助英语口语教学不仅能有效提升学生的听说能力，还能提升学生的写作能力，进而培养学生的跨文化交际能力。

（三）移动技术辅助法

随着科技的发展，移动通信技术开始进入人们生活的各个方面，并且为人们提供了生动的、不受时空限制的交流方式。移动信息技术在教学领域也发挥着重要的作用，很多学者开始将其与口语教学相结合，来提高口语教学的效率。移动通信技术为学生的口语练习提供了全方位的支持，扩大学生接触地道英语的途径，并实现课内与课外的连接。

1. 课前自学

在课前，教师会将课本中的内容要点制作成长度适中的视频短片，然后通过不同的方式传递给学生。学生通过移动设备获得视频后，可以根据自己的情况选择恰当的时间和空间进行自主学习。

2. 教师讲解

在学生课前自主学习的基础上，教师在课堂上重点就一些词汇、句式和语法项目进行讲解。讲解的过程不似传统课堂那样枯燥，而是结合视频资料，解决学生学习中的主要问题，同时为学生进行示范，并引导学生不断练习。在此过程中，学生又可以进行大量的口语练习活动，口语水平会得到提升，而且能加深对学习材料的认知程度。

3. 课堂互动

口语能力的提升需要学生进行互动和交流，因此，在教师讲解后应安排课堂互动活动。互动的形式要灵活多样，可以是师生互动，也可以是生生互动。这样可以创造轻松、愉悦的学习氛围，为学生提供锻炼口语的机会，使学生敢于开口用英语进行交流。

4. 课后的移动式合作学习

课堂教学时间是有限的，课堂教学只能引导学生对新知识进行初级的认知与练习。要想在真实情境中对语言进行更深层次的运用，则必须依靠课后的实践。教师可以以本单元的主要内容与知识点为依据，为学生安排开放式的真实任务，以此来引导学生通过合作的方式进行口语交际，使他们在探索语言运用方式的过程中扩展新知识，并在发现问题、分析问题和解决问题的过程中培养创新思维。

▶ 第七章

自主学习能力培养下的大学英语
读写教学改革

〰〰〰〰〰〰〰〰〰〰〰〰〰〰〰〰〰〰〰〰〰

阅读既是学生获取大量语言输入同时刺激语言输出的一个重要途径，也是巩固语言基础知识的一个重要手段，阅读教学在大学英语教学中占据着举足轻重的地位。另外，写作也是英语语言的一项重要技能，它是人们交际的重要方式，是一种跨文化交际活动，更是大学英语教学的重要内容。但提高学生的读写能力不能仅依靠教学，还应积极进行自主学习，这对提高学生的读写水平以及终身学习的意义重大。因此，当今的大学英语读写教学应立足于学生的自主学习，在自主学习能力的培养下不断进行改革与创新。

第一节　大学英语阅读与写作教学面临的问题

一、大学英语阅读教学面临的问题

(一)课外阅读学习缺乏监督

大学的课时有限，因此，很多阅读主要是在课外完成的。虽然教师布置了课外作业，但是学生形成了依赖教师的想法，如果教师不检查学生的课外作业，学生很可能就不会认真对待。课堂的阅读量是很小的，加上学生对待课外阅读不认真，这样就很难提高自身的阅读能力。

（二）学生的词汇量和阅读量都小

一篇文章是由许多词汇构成的，显然，没有一定的词汇量，英语阅读是无法进行下去的。要想提高英语阅读能力，词汇量是基础，而足够的阅读量是前提。在词汇量薄弱的情况下，扎实的阅读技巧是没有用武之地的，也是无效的。进入大学以后，英语阅读所要求的词汇量相比于中学阶段有了大大的增长，并且同义词、近义词繁多，词义之间的区别和差异模糊、难以辨认，这给学生的学习增加了一定的难度，导致学生的目标要求也就不一样了。英语阅读综合能力的提高，需要学生在掌握充足的词汇量的前提下进行大量的阅读。当然，词汇量和阅读也是相辅相成的，词汇量是通过阅读加以积累的，而词汇量又进一步推动着阅读的进行。

（三）阅读教学模式落后

在一些英语阅读课堂上，传统英语教学的影子还没有完全消失。虽然教育界的一些专家都在倡导先进的英语教育理念，但是真正落实这些理念，还是困难重重。我们还是会在英语阅读教学课堂上看到这样的情景：教师在上面讲得津津乐道，学生在下面认真地聆听，并且还做笔记。教师逐句讲解阅读文章里的新词汇、新句型和新语法等，然后分析文章里的问题，这样的英语阅读课其实有点变味了，倒像是一堂语法课。其关键问题是学生习惯了这样的教学模式，久而久之养成了被动的学习习惯，缺乏自己思考、实践的能力，课堂缺乏互动，这样不仅减少了阅读兴趣，也无法真正提高学生的英语阅读能力。

（四）学生英语阅读的动力不足

从高中进入大学后，学生摆脱了家长和教师的严格监督，因此，大学主要依靠自主性来推动学习。学生如果学习的自主性不强，就会浪费大量时间。另外，很多学生进入大学后一下子松懈了，并错误地将考试视为唯一的学习目的，使英语阅读的动力明显不足。如果阅读材料的篇幅过长，或者难度过大，学生就更没有动力完成阅读。

二、大学英语写作教学面临的问题

(一)写作课程设置缺乏合理性

一直以来，英语写作教学的地位得不到重视，在课程设置上也不能凸显其合理地位，很多高校在英语写作的课程设置上存在不合理之处。例如，很多高校并没有设置专门的英语写作课程，这导致英语写作课不能合理的进行。再如，英语教师在综合英语课程的讲解过程中往往先讲解词汇、课文，然后安排听力练习、阅读练习，进而让学生完成课后练习题，待这些环节结束后，一堂课的时间也就消耗完了，根本没有时间来传授学生学习英语写作方面的知识，这让学生形成了英语写作是可有可无的观念，这对学习英语写作是十分不利的。

(二)写作教学目标缺乏系统性

学生英语写作能力的提高是一个循序渐进的过程，并不是一蹴而就的，这就要求英语写作教学的目标应该体现出阶段性、渐进性的特点。然而，就当前的英语写作教学目标而言，总体目标与阶段性目标之间严重脱节，存在不协调的情况，这对于学生写作能力的提高是十分不利的。

(三)学生的语言质量不过关

很多学生在使用英语写作文的时候往往不会使用地道的英语表达方式，所写出的英语句子存在大量的语法错误，甚至还有很多单词也都拼写错了。英语与汉语存在很大差异，英语词汇在词性、用法、词义和搭配等方面都有自己鲜明的特点，如果学生按照汉语的逻辑思维来写英语作文，那么显然就会出现各种语言知识点层面的错误。

(四)学生的中式英语现象严重

中国学生长期生活在汉语的环境下，受中国传统文化的影响比较深刻，也形成了相对固定的汉语思维习惯。然而，英语思维与汉语思维存在较大的差异，汉语思维自然会影响到大学生的英语学习进程，并且往往会带来各种消极影响，"中式英语"就是其中的一个突出表现。很多学生使用汉语的表达方式来写英语句子，所写出的句子往往词不达意，呈现出中式的思维习惯，这一现象带来的后果是比较严重的。

第二节 自主学习能力培养下的大学英语阅读教学改革

一、大学英语阅读教学概述

(一)阅读的内涵

1. 阅读活动

阅读是人类社会的一项重要活动，这项活动是随文字的产生而产生的。正是由于有了文字的存在，人们才可以把语言的声音信息转化为视觉信息，并把它长期保持下来。这样就突破了语言在时间上和空间上的限制，使人类社会所积累起来的经验能够系统地保留和传播。在现代社会中，不仅学习者的学习离不开阅读活动，社会生活的各个方面也都离不开阅读活动。

阅读活动的性质可从以下四个方面来理解。

(1)阅读是以书面材料为中介的特殊的交际过程。它是作为一种特殊的交际方式而存在的社会现象，"作者—文本—读者"三者是构成这个过程的三个基本要素。在这个过程中，读者不仅要透过文本去发现、理解作者要表现的世界，而且要通过与作者在情感、理智上的对话与交流，实现意义的生成及主体自我的创造与重构。

(2)阅读是读者从书面语言符号中获取意义的认知过程。通过阅读，读者可以把外部的语言信息转化为内部的语言信息，将文本所蕴含的思想转变为自己的思想，从而不断丰富和完善自己的认知结构。

(3)阅读是人类社会的一种言语实践行为。它是主体感受、理解文本、建构与创造意义的过程。

(4)阅读是一种复杂的心智活动过程。在阅读活动中，读者先要运用视觉感知文字符号，然后通过分析、综合、概括、判断和推理等思维活动对感知的材料进行加工，把经过理解、鉴别和重构的内容融入自身原有的认知结构中，而且这种思维活动要贯穿阅读过程的始终，个体必须凭借全部的心智活动及特定的智力技能才能完成。

2. 阅读理解

在语言学习过程中，阅读能力一直都发挥着重要的作用，因此，很多国家都十分重视阅读。例如，美国做过"美国阅读动员报告"，英国启动了"阅读是基础"运动，两国还投入了大量的人力和财力来推动国民阅读能力的培养。我国在教育教学中，阅读能力也深受重视。关于阅读的定义，不同的学者发表了不同的看法。

纳托尔将对阅读的理解总结为以下三组词。

(1)解码，破译，识别。

(2)发声，说话，读。

(3)理解，反应，意义。

"解码，破译，识别"这组词重点关注阅读理解的第一步，也是十分关键的一步，读者能否迅速识别词汇，对于阅读者而言有着重要的影响；"发声，说话，读"是对"朗读"这种基本阅读技能的诠释，这属于阅读的初级阶段。朗读是将书面语言有声化，在各种感官的共同作用下加快对阅读内容的理解，这有助于语感的培养。通常，随着阶段的提升，读的要求会从有声变为无声；"理解，反应，意义"强调阅读过程中意义的理解与交流。在这一过程中，读者不再是被动接受阅读材料中的信息，而是带着一定的目的，积极地运用阅读技巧去理解阅读材料中的主要信息。

埃伯索尔德认为，读者和阅读文本是构成阅读的两个物质实体，而真正的阅读是二者之间的互动。

王笃勤指出，阅读是一项复杂的认知活动，是读者提取文本中的信息并与大脑中已有的知识相结合，从而建构意义的过程。读者在理解阅读文本的过程中主要涉及三种信息加工活动，分别是对句子层面、段落或命题层面和整体语篇结构的分析活动。

由上述定义可以看出，学者们都认为阅读涉及读者和阅读文本，并且认为阅读是这二者之间的交流互动。简单而言，阅读就是读者积极运用已经掌握的语言知识和背景知识等对语言材料进行处理，同时获取信息的过程。

3. 阅读模式

关于阅读的模式，不同学者有着不同的理解，基于对阅读不同的理解，人们提出了以下阅读模式。

(1) 自下而上模式。又称"文本驱动模式"。在这种模式中，阅读是读者由低层到高层、自下而上、被动地对文本进行解码的过程。这种解码过程具有一定的次序，是读者从简单的认读字母和单词出发，继而对句子和段落进行分析，最后达到对语篇的整体理解。受这种阅读模式的影响，传统的英语阅读教学侧重对语言基础知识的学习，注重对教学中词汇和长难句的分析，忽视了对文章整体性的把握，最终导致学习者无法准确理解文章的含义。这种教学方式不利于学习者文化知识的学习，也会对学习者的阅读理解造成文化障碍，无法激发学习者的学习兴趣。

(2) 自上而下模式。该模式认为，阅读是基于已有知识不断进行预测、验证或修正的过程，是读者与作者相互交流的过程。基于该模式，阅读不再是从低层次的词、句出发，而是从较高层次的语境出发，来推测整个语篇意义。读者在阅读过程中会积极调动已有的经验和知识，结合文章内容来推断作者意图，继而在阅读中不断对自己的推断加以验证和修正。受这种教学模式的影响，阅读教学侧重于对学习者阅读速度和推测能力的培养，主张提高学习者的阅读效率。但在该模式下的阅读教学过于强调学习者已有的知识，而忽视了教学中对语言知识的积累，进而会造成学习者阅读理解上的障碍。

(3) 图式驱动模式。该模式认为阅读是一种心理猜测的过程，整个过程都围绕着猜测进行。与文本驱动模式的区别是，该模式认为阅读过程涉及两个方面，即文本和读者。在文本阅读的过程中，读者运用已有的话题知识、语篇知识和文化知识等来理解正在阅读的材料和猜测接下来将要阅读的材料。

(4) 交互阅读模式。该模式认为阅读是一种交互过程，这种交互包含两个方面：一方面是读者与文本的交互，另一方面是文本驱动与图式驱动的交互。该模式既注重语言基础知识，又注重背景知识在阅读中的作用。并且认为，只有将解码技能与图式相互作用，才能完成对文本的理解。该模式要求教师在阅读教学中，既要重视基础语言知识的传授，又要引导学习者激发脑海中的已有图式，从而促进学习者建构已有图式与新知识的联系，提高学习者阅读效率。

(二) 大学英语阅读教学的原则

1. 重视一般词汇教学原则

对于英语阅读而言，词汇是必不可少的组成部分，也是顺利进行阅读的基础。作为一名英语教师，应该理解词汇在阅读理解中所扮演的角色。学生理解基础词汇，有助于他们在阅读上下文时猜测出一些低频词汇的含义。根据研究显示，那些经常阅读学术性文章的学生对术语应付的能力要明显强于应付一般词汇的能力。因此，学生如何积累一般的词汇是教师需要关注的问题。

在词汇积累教学中，单词网络图是比较好的方式。在英语阅读课堂上，教师可以给出一个核心概念词，然后让学生根据该词进行扩展，从而建构其他与之相关的词汇。需要指出的是，高频词教学在词汇积累中是非常重要的，其有必要渗透在英语的听、说、读、写、译教学中，并在细节层面给予高频词更多的关注，这样才能便于学生顺利完成阅读，并根据这些高频词顺利猜测陌生词的语境意义。

2. 速度与流畅度结合原则

英语阅读教学存在一个严重的困难，就是虽然学生具备了阅读的能力，但还是很难进行流畅的阅读。也就是说，当教师将更多的关注点放在学生阅读的准确性上时，往往就忽视了学生阅读的流畅性。这就要求教师在阅读教学中应该找寻一个平衡点，不仅能帮助学生提高阅读的速度，还要保证学生阅读的流畅性与准确度，这是阅读教学培养速度的最终目的。一般来说，学生阅读的过程不应该被词汇识别所干扰，而是应该花费更多的时间研读内容及语言背后的文化。要想提升阅读的速度，一个好的办法就是反复进行阅读。学生通过反复的阅读，可逐渐实现速度与理解的结合。

3. 激活背景知识原则

文化语境知识即所谓的背景知识，是读者在对某一语篇理解的过程中所具备的态度、价值观、对行为方式的期待、达到共同目标的方式等外部世界知识。在英语阅读教学中，背景知识是重要的组成部分，尤其是对母语为汉语的人来说，阅读那些源自汉语文化背景的著作要容易一些，但是阅读那些不同文化背景下的相关著作必然会遇到困难。要想对以英语文化为背景的语篇有着深刻的理解，必然需要具备相关的文化语境图式，这样才能实现语篇与学生文化背景图式的吻合。读者的背景知识会对学生的阅读理解产生一定的影响。其中，背景知识包含学生在阅读语篇过程中所应该具备的全部经历，包括教育经历、生活经历、母语知识和语法知识等。如果教师通过设定目标、预测和讲解一些背景知识，就能大幅度提高读者的阅读能力。如果学生对所阅读的话题并不清楚，教师就需要建构语境来辅助学生的学习，从而启动整个阅读过程。

具体来说，教师在备课时要精心准备教材，弄清弄透英语阅读教学中存在的文化语境空白，对材料进行精心的选择，或者为学生提供某些线索，让学生通过一定的手段和方式了解语篇中涉及的文化背景知识。当然，由于课堂时间是非常有限的，学生不可能解决所有不熟悉的文化背景知识内容，这时候就需要教师充当建构新文化语境的工具。教师需要了解学生在自主学习中遇到的问题，进而帮助学生顺利理解所学的知识与材料。

4. 把握阅读教学关键原则

受中国应试教育的影响，阅读教学与其他教学一样，教师将更多的关注点放在教学检测结果上，却忽视了阅读理解中的理解。实际上，成功完成阅读的关键就在于完善与监控阅读理解。为了能够让学生学会理解，可以从学生的自我检测入手，并鼓励他们同教师探讨具体的理解策略，这是元认知与认知过程的紧密结合。

例如，教师不应该在学生阅读完一篇文章后，提问学生关于理解的问题，而是应该为学生示范如何进行理解。全体学生一起阅读、一起探讨，这样便于每一位学生理解文章的内容。

二、自主学习能力培养下大学英语阅读教学改革的方法

(一) 采用"阅读圈"教学

"阅读圈"是指一种由学生自主阅读、自主讨论与分享的阅读活动。在大学英语阅读圈中常会采用分组的学习方式，小组中每位学生自愿承担一个角色，并负责一项工作，同时进行读后反思。在阅读体裁的选择上，可以选择自己喜欢和感兴趣的文章，开展有目的性的阅读。同时，每个人都有自己的任务需要完成，每个人在阅读完以后都要与他人分享和讨论相关的问题。阅读圈模式的目的是鼓励学生阅读和思考，其活动效果在很大程度上取决于小组成员在前期是否做好了充分的准备工作。采用"阅读圈"教学法开展阅读教学，对于提高学生的阅读兴趣和教学效果具有重要意义。在英语阅读教学中，"阅读圈"教学法主要包含以下五个实施步骤。

1. 设计任务

教师以某个文化专题为教学内容，明确教学目标，选定学生在课堂以及课外需要阅读的材料，设计好相应的需要学生进行讨论和分析的问题，并规划好学生完成这些任务的学

习模式。

2. 布置任务

在这一环节中，教师安排学生组成"阅读圈"，每个小圈子为 6~7 人。之后，教师向学生讲解阅读圈教学模式的理念、要求和规则，告知学生学习的重点和内容。此外，教师可以鼓励学生在自己的阅读圈内承担一定的角色，具体角色如表 7-1 所示。

表 7-1　阅读圈各成员的角色分配示例

角色	具体任务
讨论组织者	主持整个讨论过程，并准备相关问题供圈内成员讨论
词汇总结者	摘出阅读材料中与文化专题相关的重点词汇和好词、好句，引导圈内成员一起学习
总结概括者	对所有阅读材料的文化元素和内容进行总结并与组员分享，总结、评价小组活动的内容和成果
语篇分析者	提炼阅读材料中重要的语篇信息，并与圈内成员分享
联想者	将所读的阅读材料与文化专题相对应的中国文化的内容建立联系，结合最新的社会文化发展动态进行批判性评价
文化研究者	从阅读材料中找到与自己相同、相近或者不同的文化元素和内容，并引导圈内成员进行比较

3. 准备任务

在完成布置的任务之后，教师引导学生进行独立思考，并让学生将需要讨论的问题及自身的思考结果形成文字。此外，由于阅读圈内各成员承担着不同的角色，教师应鼓励学生完成各自任务，自由表达自己对文化的不同看法。

4. 完成任务

当学生通过自己的努力和教师的引导完成相应的任务时，各个小组就可以按照各自负责的内容进行汇报，对所读内容进行信息加工、思维拓展，确定小组汇报的内容，最终形成 PPT，并在课堂上展示核心成果。这一阶段是学生汇报并自由讨论的阶段，有助于启发学生的多元思维，深化文化内容的探讨，因此，教师要引起足够的重视。教师作为活动的组织者和指导者，要掌控整个讨论过程，对讨论过程中可能出现的争论或偏离主题等问题要及时进行解决。

5. 评价任务

当学生各自汇报完自己的学习成果时，就可以进入评价阶段了。评价可以是学生自评，也可以是同学互评，还可以是学生和教师共同评价。在互评时，可以根据每个阅读圈展示的阅读成果以及对成员讨论的表现进行打分。学生完成互评后，教师可以进行总结，对各阅读圈及学生自身的表现进行点评。需要注意的是，教师在点评时要注意尊重学生对文化的不同观点，重点关注学生思想的深度和广度，同时对那些积极参与讨论的学生提出表扬，以此带动全班同学积极参加此类活动。

（二）构建阅读文化图式

图式理论充分彰显了阅读的本质，即强调阅读的本质是读者及其大脑中所理解的相关主题知识与阅读材料输入的文字信息之间相互作用与交互的过程。图式理论是一种关于阅读研究的科学理论，其不仅强调文化背景知识与文化主题知识的重要性，而且并未忽视词汇、语法在阅读中的重要作用。下面通过读前、读中、读后三个阶段阅读图式理论进行详细的分析。

读前阶段是信息导入阶段。在这一阶段，要发挥出图式在阅读前的预测功能。教师可以组织学生参加一些讨论、预测或者头脑风暴等活动，从而将学生头脑中的图式激发出来。在这一阶段，通过自上而下的阅读，使学生头脑中的知识与文本相结合，从而将学生的图式激活与构建，为学生进一步的阅读埋下伏笔。

读中阶段是文化渗透阶段。在这一阶段，要发挥出图式的信息处理功能。学生们根据自上而下的模式来探究文章的整体思路。一些新的文化知识可以通过自上而下的阅读模式获得，从而构建内容图式与阅读技巧。在读中阶段，略读和细读等都是比较合适的策略。

读后阶段是文化拓展阶段。在这一阶段，要发挥出图式的记忆组织功能。教师可以通过各种活动对学生的新图式加以巩固，如辩论、角色扮演和讨论等。图式理论指出学生存储在大脑中的图式越丰富，学生的预测能力就越强。因此，课外阅读是非常重要的（见图 7-1）。

1. 读前文化导入——激活图式

（1）头脑风暴法。在英语阅读中，头脑风暴法常被用于导入环节。学生通过这一方法可以展开丰富的联想，从而刺激头脑中形成新的图式。因此，教师在文化导入过程中要考虑话题的需要，为学生创设合理的头脑风暴，让学生更好地融入课堂中。

（2）预测与讨论。在阅读前运用图式理论时，教师应该发挥学生的推理能力。学生通过对文本材料进行解读与推理，从而刺激自身的图式。

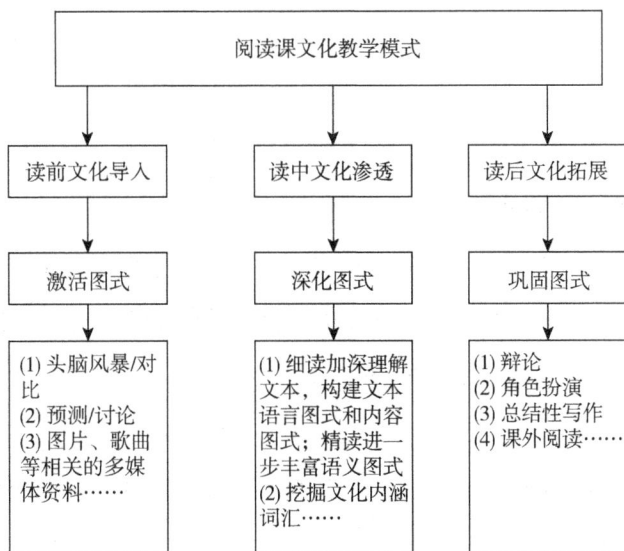

图7-1　阅读文化图式模式

（3）运用多媒体资料。在文化导入阶段，教师应该善于运用多媒体资料，从而让学生更好地体验文化教学的特色。通过多媒体，学生可以更直观地感受语言知识，了解中西方语言文化的差异，从而刺激学生的图式，让学生在激活自身图式的基础上进行下一步内容图式的拓展。

2. 读中文化渗透——深化图式

在读中阶段，教师可以进行文化知识的渗透，进一步对学生的内容图式加以丰富，从而让学生更好地展开阅读。在阅读教学中，教师采用扫描、略读等策略帮助学生构建灵活的图式，促进学生激发头脑中与之相关的图式，从而便于学生更好地理解文章。在细读阶段，教师要帮助学生挖掘与语篇相关的文化内涵，扫除他们在正式阅读中的障碍。

一方面，可以通过略读和扫描法，让学生大致了解文章的大意，从而获得对文章总体的信息与思路，这是帮助学生建构相关内容图式的有效路径。扫描法是学生根据教师的指令，能够在文章中找到特定的信息。

另一方面，可以通过细读，根据上下文，让学生明确每一个单词的含义，尤其是那些具有文化内涵的词汇，从而丰富学生的内容图式。

3. 读后文化拓展——巩固图式

在读后阶段，主要是充分发挥学生头脑中的记忆功能。一般来说，读后的文化拓展的方法主要有如下四种。

第一种是辩论。教师可以针对文本材料中的相关内容，选取一些视角展开辩论，学生在辩论中对与文本相关的内容图式加以巩固。同时，通过辩论，学生也可以更好地理解文本的文化内涵与文化背景知识。

第二种是角色扮演。学生通过学习与文本相关的文化知识，从而丰富自身的文化内容。然后，学生带着角色有目的地重新阅读文本，教师引导学生对文本进行改变或者情景模拟，从而激发学生学习的兴趣，提高他们在真实语境下对文本综合运用的能力。

第三种是总结性写作。这一方式有助于学生加深对文本的理解，让学生将文化知识从短时记忆转向长时记忆。

第四种是课外阅读。除了课后巩固外，教师还应该鼓励学生展开课外阅读。通过大量的课外阅读，学生可以提高学习的自主性，而且能在阅读中不断丰富自身的内容图式。

三、自主学习能力培养下的大学英语阅读学习策略与技巧

（一）阅读策略

1. 引导

引导过程的基本任务是确定学习目标，唤起学习者的学习动机，一般包括以下教学内容：预习、解题、介绍有关资料。在阅读实践中，可以全部运用，也可以只运用其中的若干项。

（1）预习。预习是学习者学习的准备阶段。学习者可以在课前预习，也可以在课堂上进行预习。

（2）解题。课文标题相当于文章的"眼睛"，透过课题可以了解文章的内涵和特点，借此，学习者可以更快理解课文的纹理脉络。课文标题与文章内容的关系，或者是课文标题直接揭示主题，或者课文标题指示选材范围或对象，或者课文标题直接指示事件，或者课文标题隐含深刻寓意等。

（3）介绍有关资料。介绍有关资料是帮助学习者深入学习和理解课文的基础，包括介绍作者生平、写作缘起、时代背景和社会影响等内容。介绍有关资料也应根据课文特点和学习者学情具体而定，可以介绍几个方面的内容，也可以有选择地进行介绍。

2. 研读

研读过程是阅读的核心环节，主要是对课文的内容和形式进行深入地研读和探讨。根据阅读活动的特点，研读过程一般分为三个阶段：感知阶段、分析阶段和综合阶段。感知阶段是对课文的整体认识，分析阶段是深入对课文的具体认识，综合阶段是对课文的整体理解和把握。

（1）感知阶段。一般包括以下几方面的内容：认识生字新词、课文通读、感知内容和质疑问难。

（2）分析阶段。其是对课文内容和形式进行深入细致的具体分析研讨，主要包括文章结构分析、内容要素分析、写作技巧分析、语言特点分析和重难点分析。

（3）综合阶段。其是在分析阶段的基础上进行的，是由局部到整体的概括过程，是由现象到本质的抽象过程。综合阶段的教学任务一般包括概括中心思想、总结写作特点等。

3. 运用

运用过程的基本任务就是学习者把分析综合阶段中学得的知识应用于实践，并转化为英语应用能力。其转化的途径就是集中训练，一般采用听、说、读、写等多种方法进行，这是阅读的关键。

阅读过程中有多边矛盾，而核心矛盾是学习者认识、学习课文的矛盾，其他矛盾都从属并服从于这一矛盾。因此，学习者应有效地认识和学习课文。

（二）阅读技巧

从横向上看，阅读的方式有朗读、默读、精读、略读和速读，各有其对应的阅读技巧。

1. 朗读

朗读就是出声地读，是通过读出词语和句子的声音把诉诸视觉的文字语言转化为诉诸听觉的有声语言。朗读有助于增强对语言的感受能力，从而加深对文章思想感情的体会理解，其可以促进记忆，积累语言材料，有助于形成语感，提高口头和书面的表达能力等。朗读训练的方式主要有：范读、领读、仿读、接替读、轮读、接读、齐读、小组读、个别读、散读和分角色读等。对读物可采取全篇读、分段读和重点读等方式进行朗读。

2. 默读

默读是指不出声的阅读，它通过视觉接收文字符号后，直接反射给大脑，可以立即进行译码、理解，因此，默读又称"直接阅读"。一般所说的阅读能力，实际多指默读能力，因为它在实际学习和生活中运用得最多。

默读训练的要求：感知文字符号要正确，注意字音、字形、词语的搭配、句子的排列；要讲究一定的速度，要学会抓重点；在阅读中学会思考，根据文章的内容，向自己提出问题，并解决问题。

根据默读训练的要求，默读训练可着重从下面三方面进行。

第一，视觉功能的训练。主要是扩大视觉幅度的训练，增加一次辨认的词的数量，同时提高视觉接受文字符号的速度，减少眼停次数和回视次数。

第二，默读理解的训练。主要是要教会学习者如何调动想象、联想、思维和记忆的功能，以提高理解读物的内容深度和速度。

第三，默读习惯的训练。主要是帮助学习者克服不良习惯，如出声读、唇读、喉读、指读和回读等，使学习者养成良好的阅读习惯，如认真、专注、边读边思、边读边记等，良好的阅读习惯能够提高阅读效率。

3. 精读

精读是逐字逐句深入钻研、咬文嚼字的一种阅读。

精读训练的基本要求：对读物从整体到部分，从部分到整体，从形式到内容，从内容到形式的反复思考和深入理解；对于阅读材料中的关键词语或句子，要仔细推敲琢磨，不仅要理解其表层的含义，而且要深入领会其言外之意，画外之象；养成边阅读边思考、边阅读边做笔记的习惯，因为只有真正独立思考的、主动的阅读活动，才是有效的阅读活动。

为了提高精读训练的有效性，教师在精读训练过程中要提示精读的步骤和方法，并给予适当的引导，使学习者进行逐步练习，直到完全掌握精读技能，形成熟练的技巧与习惯。

精度训练可以有不同的步骤，各有侧重。其具有代表性的精读步骤有以下三种。

三步阅读法：认读→理解→鉴赏。

五步阅读法：纵览→发问→阅读→记忆→复习。

六步阅读法：认读→辨体→审题→问答→质疑→评析。

在实施阅读训练的过程中，无论哪一个步骤或环节都需要运用良好的、合适的阅读方法才能保证精读的顺利完成。实际上，精读没有固定不变的步骤和方法，每位教师都可以根据自己的经验和学习者的情况提出训练方案，同时，鼓励学习者在实际阅读和训练中，总结出符合个人阅读情况的步骤和方法。

4. 略读

略读是指粗知文本大意的一种阅读，是一种相对于精读而言的阅读方式。略读对文章的阅读理解要求较低，略读的特点是"提纲挈领"。它的优势在于快速捕捉信息，在于发挥人的知觉思维的作用，一般与精读训练总是交叉进行的。

略读训练指导应注意：①加强注意力的培养，提高在大量的文字信息中捕捉必要信息的能力和纠正漫不经心的阅读习惯；②加强拓宽视觉范围、提高扫视速度的训练；③着重训练阅读后用简练的语句迅速归纳材料的总体内容或概括中心思想的能力；④注意教学习者如何利用书目优选阅读书籍，利用序目了解读物全貌，如何寻找和利用参考书解决疑问，以及略读中如何根据不同的文体抓取略读要点等。

5. 速读

速读是指在有限的时间里，迅速抓住阅读的要点和中心思想，或按要求捕捉读物中某一内容的一种阅读方式。速读的基本要求：①使用默读的方式；②扩大视觉范围，目光以词语、句子或行、段为单位移动，改变逐字、逐句视读的习惯；③改变高度集中注意力进行阅读的习惯；④培养每读一篇都有明确的阅读目标的习惯；⑤减少回读；⑥从顺次阅读进入跳读。

速读方法的训练主要有：①提问法，读前报出问题，限时阅读后，按问题检查效果；②记要法，边读边记中心句、内容要点或主要人物和事件等，读后写出提要；③跳读法，速读中迅速跳过已知的或次要的部分，迅速选取与阅读目的相符的内容，着重阅读未知的、主要的或有疑问的地方；④猜读法，即根据上文猜测下文的意思，或根据下文猜测上文的意思，能迅速猜测出意思的，就不必刻意去读。当然，速读训练应注意根据学习者的阅读基础和读物的难易度来规定速度。

第三节 自主学习能力培养下的大学英语写作教学改革

在英语技能教学中，写作教学是其重要的组成部分。通过写作教学，学生能够不断提升自身的写作能力与思维能力，提升自己情感表达的水平，从而促进自身写作学习的水平。

一、大学英语写作教学概述

（一）写作的内涵

写作是人们传达思想与情感的一种书面形式，与口语具有同等的地位，不是口语的附属品，其属于对语言的重要输出。

写作的过程是非常复杂的，其需要复杂的思维，并受到知识、技能、风格、内容和结构等多个层面的影响和制约。如果要想写出一部完美的作品，首先，需要保证风格的统一与结构的完整。

需要指出的是，写作是一个对各类问题与信息展开加工的过程。一般来说，写作的目的也是非常明确的。根据写作目的的不同，写作形式也有所不同，包括论文、报告等多种形式。

通过写作，可以实现如下两大功能。

一个是为了学习语言而展开写作。通过写作，学生可以对自己所学的词汇、语法和语篇知识加以巩固。

另一个是为了写作而展开写作。因为通过写作，学生可以将自身的观点表达出来，从而锻炼自身的手和脑，强化自身的写作学习，并提升自身的写作能力。

简单来说，英语写作是运用书面形式传达思想与情感。但是，语言与文化关系密切，并且文化对写作有着直接的影响。汉语往往呈现整体性与象征性，而英语呈现的是逻辑性与明确性，因此，在写作时学生切不可用汉语的思维进行英语写作，因为这样写出的文章不符合英语思维逻辑。

（二）大学英语写作教学的原则

1. 恰当性原则

英语写作教学的恰当性是指写作任务的设计应该恰当。具体来说，写作任务需要具备如下两点特征。一是能够激发学生思想交流的需求，使学生有内容进行写作。二是对于学生语言能力的提升有帮助，如增加词汇量、学习新句型等。

这两点虽然是作者对写作方法的要求，但也是对写作任务的设计要求。具体来说，如果教师要想设计出一个好的写作任务，那么就需要与学生的实际情况相符，让学生有充足的内容与经验展开写作。同时，还需要符合学生实际的语言能力，这样才能完成写作，并将理论知识运用到具体的实践中。

2. 多样性原则

英语写作教学中需要坚持多样性原则，主要体现在训练与表达的方式上。

从训练方式上说，教师应该采用多样化的方式，如可以通过扩写、仿写等办法训练学生的写作能力，同时，教师应该把握好每一种方法的优缺点，让学生在多种方法下掌握适合自己的方法。

从表达方式上说，教师应该引导学生在写作中运用多种表达方式，这样的写作才是灵活的写作。这不仅可以弥补学生写作中的问题，还可以让学生灵活运用技巧，这样写出来的文章才能更吸引读者的注意力。

3. 循序渐进原则

任何一件事情的顺利完成都是需要花费时间的，都是一个循序渐进的过程，大学英语写作教学也不例外。在英语写作教学中，循序渐进原则主要涉及以下四个方面：

(1)语言层面：由低到高。在语言层面，教师可以先让学生进行句子写作方面的练习，然后逐步过渡到段落与篇章的写作。由于课堂教学时间有限，教师可以将对句子的写作训练穿插在其他技能课中，如精读和听说课。此外，教师可以设置组织各种训练活动，如连词组句、补全句子、合并句子和扩充句子等，学生对句子写作逐步熟练后，教师就可以增加难度，过渡到篇章写作。

(2)语法结构层面：由易到难。在写作过程中，很多学生都因语法欠佳而无法使用稍微复杂一点的表达，这样势必会影响输出效果，写作质量也不会太高。因此，学生一定要重视语法学习，先掌握基础的语法结构，在此基础上再掌握更为复杂的语法结构。具体来说，在写作学习中，学生要先掌握简单句，然后掌握复杂句和并列句；先掌握短句，然后掌握长句；先掌握陈述句，然后掌握虚拟句和感叹句。对教师来说，也要坚持循序渐进原则，在语法结构上由易到难，帮助学生巩固基础，进而攻克薄弱的环节。

(3)话题层面：由熟到生。学生对于自己熟悉的话题往往更有写作兴趣，写起来也相对容易。因此，教师在写作训练中，可以先从学生熟悉又感兴趣的话题开始，待学生掌握一定的写作技巧后，可以让学生就一些社会热点问题等表达自己的观点，从而锻炼学生的写作水平。

(4)体裁层面：由简到繁。对学生来说，不同文体其难易程度各不相同。一般来说，记叙文的写作难度较低，其次是描写文，然后是说明文，议论文的写作难度则较高。因此，在写作体裁方面，学生应从记叙文的写作训练开始，逐步向其他体裁过渡。

4. 文化对比原则

受文化背景的影响，英语写作教学中需要坚持文化对比原则，即教师在教学中将中西文化的差异引入教学中，从而为学生的写作训练奠定基础。

很多学生到了大学阶段，实际上已经掌握了一定的写作技巧，但是他们掌握的写作技巧大多都是中式写作，忽视了英语写作的编码与解码。也就是说，他们的写作大多是将汉语翻译成英语进行写作，导致文章中出现了很多的中式英语，这样很难使读者理解。

因此，在英语写作教学中应该坚持文化对比原则，让学生明确中西语言与文化的差异，这样才能写出地道的英语文章。

二、自主学习能力培养下大的学英语写作教学改革方法

(一) 重视文化知识积累

在跨文化转型的背景下，英语写作教学应该重视让学生积累丰富的文化知识，摆脱汉语负迁移作用对英语写作的影响。在日常的写作中，如果学生遇到困难的句子，他们往往会选择用汉语思维对句子进行组织，导致出现了明显的语言错位，这就是受汉语负迁移作用的影响而导致的。因此，在英语写作教学中，教师除了对学生的词汇、语法等语言知识进行训练，还需要训练他们的文化知识，避免学生英语写作出现负迁移的现象。同时，教师应该鼓励学生多阅读，让他们在阅读中挖掘文化知识，从而充实自己的语言，并写出得

体的文章。

（二）通过阅读促进写作

无论写什么题材或者体裁的文章，想要真正地打动读者，就必须要言之有物。如果缺乏文化知识的积淀，那么这样的写作必然是单调与死板的。要想保证顺利展开跨文化交际，不能仅在自己的小圈子里说话，而应该从与他人沟通的角度展开写作。当然，在这之前，学生需要阅读大量的文章，先充实自己，这样才能有话可写。

因此，在写作教学之前，教师可以让学生读一些相关的资料，通过收集与选择，将这些资料运用到自身的写作中，以提升自身的写作水平，并培养自身的归纳与总结能力，从而写出与众不同的内容。

三、自主学习能力培养下的大学英语写作学习策略与具体技巧

（一）写作策略

1. 自由写作

自由写作就像是一个开启思维情感的闸门，是一种思维激发活动。其主要目的是克服写作的心理压力，并激发思维活动和探索主题内容。

(1)寻找写作范围。当进行自由写作时，首先要确定写作范围，将头脑中能想到的内容都写下来，虽然这些内容看似无用，但仔细品读就会发现，这些杂乱甚至毫无联系的句子隐含着自己最为关心的情绪，只是隐藏在思想深处，日常无法注意到。这样就可以确定一个代表着自己真情实感的写作范围，并找到最为闪亮的句子或词语，为接下来的写作奠定基础。

(2)寻找写作的材料。在确定写作范围后，就要寻找写作素材。在特定的范围内开展自由写作，尽管这是有所约束的写作，但是还要放松地进行。在停笔后，通读所写的文字，分门别类地整理这些写作的材料，并提炼出文章的基本线索和层次结构。

(3)成文。在两次自由写作的基础上，构建真正属于自己的完整文章。前两个阶段的自由写作实际上是把构思过程通过文字语言给外化了，是对构思过程的一种自由解放，在无束缚中发挥出写作主体的创造性和能动性。

2. 有话可写

(1)激发兴趣。兴趣是学习者写作的源头。在写作中，可以采用如下方式培养自己的兴趣。

多说。口头讲述的过程，既是对新鲜事物的认识，也是对所经历事物的再认识。多说不仅可以激发自己的写作兴趣，而且可以帮助自己对写作的思路进行加工和整理，是写作前必要的准备。

多看。学习者可以走进自然、走进生活，在观察中获得真实的情感体验。

多做。实践活动符合学习者的心理特点。在活动中学习者能享受到快乐，在快乐中能激活思维，以促使学习者想把活动用语言表达出来。因此，教师应多让学习者进行实践活动。

(2)丰富素材。为了使自己有话可写，学习者可以从经验出发，引导自己回归生活，积累丰富的素材。具体来说，学习者可以在游戏、活动中丰富写作素材，在日常生活中丰富写作素材，在言语交际中丰富写作素材，在阅读中丰富写作素材。低年级学习者虽然还不懂主题、构思等概念，但当他们在阅读欣赏一些优秀篇目时，这些概念已然在发挥其文学的功能，使学习者在潜移默化中受到熏陶与启迪。因此，阅读可以帮助学习者增强语感，扩大知识面，从而使表达更加规范。

3. 模仿写作

其是最常用的写作教学方法，采取已有的形式，利用原有的语言材料，学习者可以加上自己的思想进行写作。模仿是学习写作的基本途径，其重视范文的作用，结构主要包括仿写、改写、借鉴和博采四个依次递进的层次。

仿写就是按照范文的样子(包括内容)来"依样画葫芦"的训练。主要有仿写一点范文的点摹法和仿写全篇的全摹法两种形式。

改写是对范文的内容或形式进行某种改动，写出与原作品基本一致而又有所不同的新作品的训练方式。包括缩写、扩写、续写、变形式改写和换角度改写等形式。

借鉴是吸取范文的长处，为我所用，写出有新意的文章的训练手段。其具体方式有貌异心同、词同意不同和意同词不同三种。

博采是博采百家之义，可训练学习者从多篇文章中吸取营养，经过一番咀嚼、消化，然后集中地倾吐出来，形成自己的文章。这样，就已完成了从模仿到创造的过渡任务。

4. 单项作文

其就是我们通常所说的小作文，主要是针对学习者在写作过程中出现的具体环节进行局部或片段训练。如学习者的作文普遍存在命题随意或题目不新颖的问题，因此，教师就可以进行"让作文题目亮起来"专门针对题目的训练，如学习者的作文中只是叙述，缺少生动的描写和有深度的议论性语句，教师就可以进行表达方式的综合运用的训练。让学习者将叙述、描写、抒情和议论放在一起进行综合训练，或者直接针对作文的立意、命题进行训练，对于提高学习者作文中的文采进行训练等。这种训练针对性强，一篇作文解决一个问题，目的明确，篇幅短小，易操作。

（二）写作技巧

在写作教学中，记叙文、议论文和说明文是最常见的三种文体，这里就对它们的写作进行分析。

1. 记叙文

记叙文是写人、叙事和状物的文章。记叙文包括通迅、特写、游记和回忆录等。在课本中，记叙文所占的比重很大，作文选择记叙文的也很多，因此，教师需要做好记叙文的写作教学设计。

一般来说，以叙事为主的记叙文把现实生活中发生的、真实的、有一定意义的具体事件作为叙写对象。从理论上讲，可以是社会生活的事件，也可以是日常生活的事件，还可以是自然界的事件。有人把记叙文的表现对象局限于"社会生活的典型事件"是不太恰当的。诚然社会生活的典型事件有其优越性。一方面是典型性，并因其典型性而有普遍意义，这样就赋予了"事件"的现实意义；另一方面是社会性，并因其社会性而受到人们的热切关注，这样就赋予了"事件"社会价值。教师在设计记叙文写作教学时，要体现教学大纲的要求，把握记叙文的特点，考虑到学习者的实际水平和接受能力。教学设计的形式应该是多样的，可以是常规型的，也可以是探索型的；可以概述，也可以详尽。总之，要有实用价值，要体现教学改革的精神。例如，教师让学习者以"今天中午"为题叙述自己的所见所闻，学习者在叙述的过程中可能会提到许多画面，教师应引导他们将自己在不同画面中的听觉、视觉和感觉表达出来，同时，引导他们掌握叙述的节奏，如慢节奏的温馨早餐、快节奏的运动活动等。

2. 议论文

议论文是要求作者通过摆事实、讲道理来直接表达自己的观点和主张。作者对客观事物进行分析、评论，以表明见解、主张和态度，通常由论点、论据和论证三部分构成。议论文写作教学的关注度虽然比不上记叙文写作教学，但也是语言教学的一个组成部分。因此，做好议论文写作教学设计是十分必要的。

一般来说，议论文写作教学设计先要做好教师启发。学习者生活在一定的社会环境中，每天都要接触许多人，遇到许多事，听到许多议论，有令人满意的，也有不尽如人意的或令人气愤的。同时，他们平时可能获得某些成功，也可能遇到某些困难或失败，这些都会使他们产生种种感受和看法，教师就需要学会启发他们有所思考。例如，用一些值得议论的典型事例或现象让他们思考，并将自己的思考用文字的形式表达出来，最后形成文章。

考虑到在议论文中学习者表达观点需要一定的论据支持，教师也要在教学设计中引导学习者找到论点和论据。由于学习者的身心发展还不成熟，因此，议论水平不会太高，教师要注意不要设置太高的论点，以适应学习者的实际水平。

3. 说明文

说明文是以说明某种事物或某种过程为写作目的的一种写作形式。要想写好说明文，首先要对被说明的对象有充分的认识和了解，分析、比较这一事物和另一事物之间的不同点，把握事物的特点，然后紧紧抓住这一特点加以说明，只有这样，才能把事物说明白、讲清楚。例如，《我们的学校》就要写出我们的学校与其他学校的不同之处，切忌泛泛而谈。

教师在设计说明文写作教学时，应注意说明文要给人以知识，因此，学习者必须对所要传授的知识有所了解，这也是合理安排顺序的前提。如果对要阐述的事物没有比较丰富的知识，自己也没有仔细游览过，即使掌握了关于空间顺序或者时间顺序的技巧，也不可能给人以真正的知识。阐释事理亦然，如对事物本身的逻辑关系若明若暗，也就无从安排逻辑顺序。

此外，说明文和记叙文、议论文都有条理性，即顺序安排的问题。记叙文中的时间顺序安排应用极其广泛，在写说明文时可有目的、有选择地进行借鉴。另外，记叙文中涉及写景和游记类的文字中经常有安排方位的技巧，这也可运用在说明文中。议论文以说理为主，根据事物之间的逻辑关系进行判断推理，与事理说明文中逻辑顺序的安排有相通之处。

第八章

基于文化哲学的大学英语教学实施的路径

第一节　课堂教学

课堂教学是大学英语教学的基本教学形式。教学作为一种文化的存在，它有助于学生从不同的角度和层面对自己的学习做出认识。

一、我国大学英语课堂教学模式的变革历程

（一）多元并存的大学英语课堂教学模式

课堂教学是我国大学英语教学的主要实践方式，课堂教学的模式直接影响着教学效果的好坏。长期以来受应试教育环境的影响，英语教学模式以呈现—训练—运用为主，但随着教育相关理论的研究逐渐深入，这种传统教学模式正面临着严峻的挑战，其不足之处正在日益显露，因此建立新的教学模式是弥补这些不足的必要途径。新的任务型教学模式是一种建立在习得理论基础上的教学模式，强调学习者自身的作用，受到了很多学者的支

持，大学英语教学也引入了这种新的教学模式，为英语教学注入了新的活力。但随着高校扩招，学生大量增加，师资相对缺乏，大班教学就成为英语教学的方法，虽然从理论上讲，任务型教学模式有利于产生较好的教学效果，但在实践中却不尽如人意。语言学是对学习者建构个体知识、自我内化知识、自主学习意识和自我监控能力的研究，不仅为大班英语教学提供解决方法，还为人才培养提供了理论依据。所以，在自主学习理论的影响下，许多高校纷纷实行多媒体网络化平台基础上的自主学习。但由于各个院校的实际情况不一（如硬软件、教学环境），大学英语教学模式有着多元化的特征。

G 教师是有 25 年高校教龄的教师。以下是笔者对其两节读写课程教学的观察实录。

课前，G 教师在黑板上写下了 5 个汉语句子准备让学生翻译。①在有些人眼里，毕加索的绘画显得十分荒谬。②他们的利润增长部分原因是采用了新的市场策略。③那个男人告诉妻子将药放在最上面的架子上，这样孩子们就拿不着了。④有钱不一定幸福。⑤那辆小车从我买来以后总给我添麻烦。

上课铃声响了以后，师生互致问候。

G 教师：看黑板上的 5 个汉语句子，请大家用我们上次课所讲授的短语将其翻译成英语。

在 G 教师的引导和提示下，被点名的几个学生用了 10 分钟完成了 5 个句子的翻译。

G 教师：今天我们将学习第一单元的第二篇文章"Culture Shock"。翻到第 19 页的单词，请跟我读（教师用了 5 分钟时间教读了两遍生词让学生熟悉生词的发音）。

G 教师：好，请大家翻到第 18 页，我们一起来学习课文（教师没有借助多媒体课件进行教学，而是边读课文、边讲解汉语意思。当遇到重要的短语时，将短语写在黑板上并解释汉语意思，最后再用其造句。造句的形式或是教师自己翻译，或让学生翻译。总共用时 50 分钟）。

课文讲解结束后，G 教师让学生翻到课文练习和学生一起订正答案（总共用时 14 分钟）。

下课前。

G 教师：请大家下课后注意复习我们今天所学的课文，并请大家做好第二单元第一篇文章的预习工作。

评述：该教师第一教学步骤旨在帮助学生运用已学的语言知识进行复习，尤其是短语知识；第二步骤旨在让学生熟悉生词，以扫清学习课文时的词汇障碍；第三步骤旨在帮助学生了解课文内容、掌握并运用一些重要的单词、短语和句型；第四步骤旨在让学生通过练习巩固对课文内容和重要语言点的了解与运用；第五步骤是提前布置学习任务。通过对以上教学步骤的剖析可以清楚地看出：该教师的教学属于典型的翻译教学法，工具性目的十分明显，而缺失人文性目的——注重学生对字、词、句的理解与运用，即重视学生对语言知识的把握与运用，忽视师生互动，也忽视学生的参与。更为严重的是，该教师仅将课文作为语言知识传授的文本，而完全忽视了让学生通过课文了解文化差异，可导致文化休克及错失如何有效地克服文化休克的好机会。

H教师是有10年高校教龄的教师。以下是笔者对其两节视听说课程教学的观察实录。

上课铃声响了以后，师生互致问候。

H教师：同学们，我们今天谈论的话题是节假日。在中国众多的节假日中，你们最喜欢哪个节日，为什么？（学生七嘴八舌地说起来，不过大部分说最喜欢春节，因为没有什么学习任务，可以尽情地玩，而且可以得到数量可观的压岁钱）

H教师：那么在西方的节日中，你们最喜欢哪个节日，为什么？（学生众说纷纭，但大部分学生说最喜欢情人节，因为可以和恋人或朋友在一起享受浪漫）

H教师：好，每个人都有自己喜欢的节日，这可以理解。下面翻到第121页，请大家两人一组，选取该页上的5个问题中的3个进行5分钟的讨论（这5个问题分别是：你通常如何安排自己的假期？假期里主要做些什么事？有过假期忧郁症吗，为什么？你对万圣节知道多少？人们在情人节做些什么？），然后在全班同学面前展示你们的讨论结果（同学们开始分组进行讨论。5分钟后，共有两组同学自愿上台，一组同学由老师点名上台展示他们讨论的全过程）。

H教师：这3组同学的表现都不错，让我们以掌声对他们的展示表示感谢！（热烈的掌声）刚才我们讨论了如何安排自己的假期，下面翻到第123页，让我们听听别人是如何安排自己的假期的（听一遍录音了解大意，听第二遍录音选择答案）。

H教师：在开始的讨论中，我们还谈到了假期忧郁症。那么，哪些因素会导致假期忧郁症？听了"Holiday Blues"后，大家便知道。所以请翻到第132页，听一篇关于"Holiday Blues"的材料（听第一遍录音了解大意，听第二遍录音进行正误判断）。

H教师：通过讨论，我们对万圣节有了初步的了解。接下来，翻到第125页，听一篇关于"Halloween"的材料，以加深对万圣节的了解(听第一遍了解大意，听第二遍填空)。

H教师：大家都知道情人节是一个浪漫的节日，那么有谁知道情人节的来历？(学生摇头)好，请大家翻到第132页，听一篇关于"Valentine's Day"的介绍材料，大家就能对其来历略知一二了(听第一遍了解大意，听第二遍依据所听的信息填空)。

下课前。

H教师：今天我们听了一些关于西方节日的内容，希望大家通过听力内容加强对这些节日的了解。

评述：该教师这两节视听说教学活动比较活跃，有一定的学生参与度，教师的教学环节间的衔接与转换有自然逻辑，而且教师也善于运用表扬、肯定的手段培养学生的成就感与自信心。但大学英语教学的工具性、主体性、教育性、发展性、跨文化性和文化理解性，并未在本次教学中得到有效的体现。

H教师的视听课工具性体现不足，既然本单元谈论的话题是节假日，那么教师就应该引导学生学会用英语表达中西方重要的节日，即让学生掌握表达节假日的单词。

主体性体现不足表现为学生参与度不够。教学是以教师为主导、学生为主体的师生互动活动。然而在听材料的过程中，教师只是通过两遍录音让学生依据材料内容提供正确答案，却忽略了让学生通过听材料强化和内化所学内容的绝佳机会。如在听完"Holiday Blues""Halloween"和"Valentine's Day"后，教师应该给学生复述和讨论的机会，从而提升学生在教学中的主体地位。

人文教育性缺失主要表现为学生对中西节假日内在意义的理解出现偏颇时，未及时予以纠正。如学生说最喜欢中国的春节是因为没有多少学习任务，可以尽情地玩，并且还可以得到数量可观的压岁钱，其实这应该只是浅层原因，更重要的原因应该是能和家人、朋友团聚，感受家庭的爱与温馨；当学生说最喜欢西方的情人节是因为可以与恋人或朋友在一起享受浪漫时，教师应该指出这是因为同学们对情人节了解的不够，然后通过听"Valentine's Day"来帮助学生了解情人节的起源与发展，如今的西方人是怎样过情人节的，由此让学生知道情人节更广、更深的含义。

发展性不够主要表现为教师在教学过程中忽视了对学生听力技巧的培养。如在听"Holiday Blues"时，教师仅让学生通过两遍录音去判断句子的正误。实际上，教师完全可以运用预测的方式去判断听力材料的内容，从而更好地帮助学生进行判断。例如，请学生依据标题预测内容——既然材料的标题是假期忧郁症，那么首先可能介绍什么叫假期忧郁症，其次介绍导致假期忧郁症的原因，最后介绍如何克服假期忧郁症。再如，请学生根据所给的 5 个句子(①假期里一些人感到忧伤郁闷；②参加更多聚会、进行更多的购物活动意味着人们可以少干活，尤其是家务活；③对朋友和家人慷慨大方不会加重我们的经济负担；④想到因为不同原因而无法和我们一起共度节日的亲人时，我们会觉得很难受；⑤让假期计划多样化可以防止假期忧郁症)，判断听力材料内容。不管所给的 5 个句子是否与原文相符，我们都可以猜出：第一句指出假期忧郁症的这种现象，第二、三、四句谈论导致这种现象的根源，第五句提出克服假期忧郁症的方法。因此，该材料谈论三方面的内容：假期忧郁症、导致假期忧郁症的原因和克服假期忧郁症的建议。

跨文化性和文化理解性缺失主要表现为教师未能利用节假日这一话题加深学生对中西文化的比较与理解。其实，中西节日中有不少节日具有相同点，如西方的情人节与中国农历的七夕节，西方的圣诞节与中国的春节。教师完全可以通过让学生进行相关材料的收集整理，并比较这些节日的相同之处和不同之处，从而加强对中西文化的理解和跨文化知识的掌握。

(二)PPP 模式的合理性及其批判

PPP 教学模式即呈现—训练—运用模式，在教学模式中长期占据主导地位。有关它的研究视角主要从实证和理论两方面进行：与传统 PPP 模式进行优劣对比；在教学中的实际应用情况；课堂教学是如何设计的；是否有助于学生能力的培养；在教学中教师所处的位置和所起的作用；在教学实践中所遇到的问题等。据高吉利统计，1995 年以来，有关培养学生自主学习能力的研究日益增多，尤其是 2003 年以来，此类研究文章在各类英语期刊上大量涌现，特别是近年来基于多媒体网络化教学平台的自主学习模式的研究和实践，并在诸多高校进行，其研究报告引起了教育界人士的极大关注。

我国英语教育者和研究者虽然借鉴了不少国外先进的英语教学理论，却没能打破传统教学方法，仍处于换汤不换药的阶段。教师就如何教好课程想尽了各种教学策略，并使用了各种教学方法，但都收获不到满意的教学效果。珍·威里斯和迪弗·威里斯在《语言教学的挑战与变迁》中呈现了国外一些研究者对传统教学模式的批判性分析，可见在相当长的时期内，该模式不仅是我国，也是世界各地的以英语为外语(EFL)和以英语为第二语言(ESL)的教师所采用的英语课堂教学模式。这种教学模式培养了一代又一代英语师资力量，成为英语教师的惯性教学思维。由于教学实践的滞后性，交际策略虽然在课堂上引起了人们的重视，但实质上仍是在 PPP 模式下进行的交际。PPP 模式得以在我国教学中长期占据主导地位有其深厚的文化渊源。从教师的角度来看，自古以来师道尊严就一直存在于人们的脑海中，教师历来就被奉为权威，以教师为中心的模式早已被人们认为是一种理所当然的授课模式和教学观念。再从学习者角度来看，在以教师为中心的教学模式下的学生已经习惯了被动的学习方式，导致他们缺乏思考能力，习惯在教师的指导下学习，不善于自主学习，欠缺创新能力。最后，PPP 模式是教师最熟悉的教学模式，它将课堂教学分成了语言知识的呈现、教师监控下的学生操练、学生运用所学语言知识完成语言输出任务等三个阶段。教师对此教学模式最为熟悉，因此，在教学中运用自如，学生的课堂反映也不错。然而，此种模式比较适合在以汉语为母语环境下进行翻译和阅读教学，并不利于提高听说能力。

(三)任务型教学模式的合理性及其批判

任务型教学强调学习者在学习过程中知识的习得、知识的建构、学习方式和个人经验与语言知识的结合。任务型教学的这些特点对于解决我国英语教学中的交际应用问题指明了很好的方向。在这一理论指导下，大学英语教材由单一走向了多样，各种版本的教材如雨后春笋般萌发出来，以贴近生活、实用可行和新颖独到为标准，自此大学英语教材走上了多样化的道路。而在现实中大多数的英语课堂上，往往都是任务型教学模式与 PPP 模式混合在一起使用，并没有真正意义上的全任务型教学。究其原因，首先，"任务型教学"对教师要求较高。这种教学模式就要求教师转变传统以教师为中心的观念，并形成新的教学观念，因此教师要适应新的教学模式必须花费大量的时间进行备课和教学设计，并且要提前储备大量的知识，而且高校扩招后，教师的教学任务普遍加重，要想在此种情况下每次课都进行"任务型教学"是有一定困难的。其次，对于长期习惯于被动接受知识的学生来说，实行"任务型教学"是有难度的。当新鲜感过后，学生心里就会产生倦怠，尤其是在教学任务超出了学生的认知理解范围时，这种教学模式就会产生负面效应。最后，就外在环境而言，现在许多用人单位在招聘人员时，最直接衡量英语水平的方式就是英语等级证书，为此有些学习者强烈的英语学习动机都源于获得证书，以求获得就业机会，因此他们更倾向于应试型教学或考前突击，只为考试顺利过关，而忽视了其他英语技能的学习和培养。

二、基于文化哲学的大学英语课堂教学

在大学英语课堂教学中，普遍使用的教学方法是：刺激—反应—加强，教师在课堂教学中处于中心地位，而学生在整个学习过程中都处于完全被动的地位，建立在这种不平等基础上的教学，即使教师和学生都很用功，也不会取得很好的效果。辜向东通过对三所样本学校的 38 位大学英语教师的课堂教学进行观察发现：大学英语课堂教学总体上是以教师为主导，而非以学生为中心，其特征因校、年级和教师而异。四、六级考试对大学英语教学的许多方面都有影响，但影响的程度也因校、年级和教师而异。郝涂根、鄢洪峰通过调查也发现，我国的大学英语课堂教学呈现出这样一些特征：①重视知识灌输，课堂教学以讲授为主；②学生在学习过程中主体意识缺失，积极性、主动性和创造性消失，忽视了习得在语言学习中的作用；③教师在大学英语课堂教学中忽视了学生交际能力的培养，扼杀学生的学习自主性。

从文化哲学的角度出发，大学英语课堂教学不仅要注重培养学生的语言能力，更应该注重对学生人文素养的熏陶，通过二者的有效融合，从而达成工具性与人文性整合的大学英语教学目标。

首先，在课堂教学中，教师要善于剖析教材，挖掘教材中所蕴含的人文精神，然后结合教材使学生的人文背景知识得以扩展。丰富的人文背景知识有利于学生的学习，如我们会经常碰到这样一种情况，学生认识某篇文章里的每个单词，并且还能准确翻译每一个句子，但就是无法理解文章所表达的意思，究其原因，是学生缺乏相应的文化背景知识。因此，学生除了要具备基本的语音、词汇、语法和语义等语言结构知识，还要有丰富的社会背景、文化背景等人文知识，只有这样才能从整体上对文章内容进行把握，真正理解文章所要传达的意思。语言学家罗伯特·拉多曾经指出："语言是文化的一部分，因此，不懂文化的模式和准则，就不可能真正学到语言"。这就要求教师在课堂教学中要有意识地根据教材内容补充相关文化背景知识，帮助学生更好地掌握语言、理解外国文化。英语教材不仅是一本教科书，它还包含了社会生活的方方面面，是帮助我们了解和吸取外国文化知

识的重要途径。教师对学生进行人文知识的传授不仅是要他们了解更多的知识，更重要的是要通过这些知识对学生的思想产生影响，促进学生的人生观、价值观的形成，让他们能够以更成熟的眼光去认识世界，并从中得到成长。如《新视野大学英语读写教程》第三册第四单元 A 部分课文"Five Famous Symbols of American Culture"讲述了美国的五大文化象征。教师在介绍相关的美国文化背景知识和分析课文的文化内涵后，应该引导学生思考我国和其他一些国家的典型文化象征，如办一个读书会，大家相互交流，从而促使学生去了解、学习新的文化，以增加学生的知识储备。通过对本课文"Graceful Hands"的学习，引发学生思考对人生及死亡的态度，帮助学生形成正确的人生观和世界观；通过对本书中"Changes in the Balance of Nature"的学习，引导学生从可持续发展的角度思考人与自然的关系，并思考如何才能达到人与自然的和谐共处。

其次，通过对文学和影视作品的鉴赏来培养学生的人文精神。很多文学作品和影视作品都反映了西方文化，观看电影、阅读分析文学作品不仅能激发学生的学习兴趣，提高语言运用能力，还能不自觉地提升学生的人文精神。好的影视作品不仅能丰富学生的人文内涵，促进其思考，还有助于其形成正确的世界观和人生观。如在让学生欣赏电影 Gone with the Wind 时，可先向学生介绍美国南北内战的背景，或让学生通过各种渠道收集、了解美国南北内战的背景；在欣赏完影片后再引导学生对电影中的人物进行分析，让学生去领会人们在乱世中是如何求生的。

最后，运用教学方法来塑造学生的人文品格。人文教育的本质是传输人文知识、培养人文精神，但其最终目的是塑造人文品格。教师要明白身教重于言传的道理，以身作则，通过自己的言行举止体现教材中提倡和教学中阐释的人文知识和人文精神，为学生树立好榜样。在教学中应转变教学方式，从传统的以教师为主体转向以学生为中心，重视和培养学生的自主性学习意识与能力，更好地运用启发式的教学模式，让学生进行主动、探究式的学习。由于信息技术的普及，英语教学逐渐实现了多媒体和网络化教学。网络课程的学习改变了传统的语言学习法，老师不再是唯一的知识来源，学生有了更多的自主学习权，可获得更多的信息资源，也不局限于课本，形成了一种超文本化学习。

第二节　"第二课堂"

一、传统大学英语"第二课堂"的合理性及其批评

随着大学英语教学改革不断深入，教师和学生都不再满足于单一的传统课堂教学模式，大学英语教学方式正发生着巨大的变化，"第二课堂"就是其中最有影响力的新的教学方式。"第二课堂"的特点是以学生为中心，对学生进行个性化学习的培养和引导，重在培养学生语言交际能力和自主学习能力，其教学内容丰富，教学手段多样，且不受时间和空间的限制。学生通过"第二课堂"的学习，及时对所学知识进行相应练习，有助于更快、更好地习得语言。"第二课堂"是对第一课堂的延伸与丰富，有利于拓宽学生的知识面，调动其学习的积极性和创造性，并实现综合素质的全面提高。课堂教学的局限性主要体现在三个方面：①教学时间有限，各方面的能力不能得到均衡发展；②教学内容有限，因学习者的接受能力有限，在教学中难以体现英语教学的人文性和教育性的特点；③班级人数过多，学生无法得到个性化的发展。"第二课堂"的出现在一定程度上可以弥补课堂教学的不足，而且还与新的高校教育理念所倡导的教学氛围相符合。然而笔者在研究中发现，一些教师对"第二课堂"的重视程度不够。

I教师是有6年高校教龄的教师。笔者就大学英语教学实施路径对她进行了访谈。

笔者：I老师，您好。请问，您认为大学英语教学实施的途径有哪些？

I教师：最主要是第一课堂，其次是第二课堂。

笔者：第一、二课堂分别指什么？

I教师：第一课堂就是课堂教学，第二课堂就是我们常说的基于网络和非网络的教学。

笔者：您在第一、二课堂的角色分别是什么？

I教师：在第一课堂是主导；在第二课堂是顾问。

笔者：怎么个"顾问"法？

I教师：学生有问题需要帮忙，我就负责提供帮助。

笔者：哦，谢谢您。

I教师：不客气。

通过访谈，笔者发现I教师对大学英语教学实施路径有较好的认识，但在"第二课堂"教学的责任心和主动性方面有些欠缺。

J教师是有16年高校教龄的教师。笔者就大学英语教学实施路径等方面对她进行了访谈。

笔者：J老师，您好。您是一位经验丰富的大学英语教师。您认为可以通过哪些途径进行大学英语教学？

J教师：主要是通过课堂，其次是课堂教学的延伸——课外。

笔者：课外这种途径包括什么？

J教师：自主学习中心、各种英语活动等。

笔者：现在的课外教学有哪些类型？

J教师：主要是网络和非网络两种。

笔者：能否具体介绍一下这两种类型？

J教师：好。你知道现在大力提倡基于网络的教学。由于课堂教学时间有限，我们把部分课堂教学任务让学生在网络教学平台中去完成，并且要求学生在网络教学平台中预习、复习课程和完成部分作业，这种叫基于网络的课外教学。非网络课外教学就是我们常说的传统课外学习与实践，如预习、复习和参加各种各样不同级别的英语活动等。

笔者：您在网络和非网络的课外教学实施途径中通常扮演怎样的角色？

J教师：在基于网络的课外教学活动中，我在网络教学平台给学生布置网络学习任务，对学生进行辅导、答疑和批阅作业，并监督学生的网络学习情况等。非网络的课外教学活动主要是靠学生的自觉和主动，当学生有需要时，我也会尽力提供帮助。

笔者：谢谢您。

J教师：不客气。

通过访谈，笔者发现J教师对大学英语教学实施路径的认识比较全面，对于基于网络的"第二课堂"教学有较强的责任感，但是对于传统的非网络课外教学依然是放任自流。

传统大学英语教学形式下开展的"第二课堂"教学有不足之处，主要表现为以下五个方面：第一，虽然活动形式多种多样，但在学生中并没有得到广大反响，且参与人数有限。

目前传统的大学英语"第二课堂"的活动形式主要有英语角、英语晚会、英语沙龙和各类英语竞赛等，参与者多是本来英语成绩较好，特别是听说能力较强的学生，大部分学生只是充当看客的角色。另外，因大学本科一般只有两年的时间接受英语教育，学习结束后便很少再有人继续学习英语，开办"第二课堂"就变成了少数英语爱好者的舞台，没有发挥更大的作用。第二，传统大学英语"第二课堂"无论是在学习内容还是活动形式上，都没有按照学生的能力差异进行层次性教学。每位学生的英语学习能力、智力水平不同，这些都是影响他们英语学习的重要因素。过去比较重视学生的共性，对学生的差异研究不够，重视学生的认知发展，而忽视学生的个性发展，并按照统一的标准要求学生，限制了学生的天赋和兴趣爱好的发展。在第一课堂教学中，教师很难依据学生的个体差异进行"因材施教"，而传统的大学英语"第二课堂"虽然形式上有了变化，但是实质并没有改变，所以学生英语学习的主动性和积极性、学生的创造能力并没有真正得到提高。第三，传统的大学英语"第二课堂"未能提供自然舒适的语言环境。应用语言学家将心理因素看作是影响人们语言习得的重要因素之一，他们认为轻松愉快的心境是最大限度地获取语言信息的前提。但因传统英语"第二课堂"要求学生具有一定的英语水平，致使那些英语水平低的学生因担心出错、怕人嘲笑而更不愿意开口。第四，传统的大学英语"第二课堂"缺乏明确合适的评价体系。现代教育理论强调对教学结果进行有效的评价，通过评价进行学习结果的认定，有助于以后学习的改进。传统英语教学下的"第二课堂"教师没有参评标准，学生不能自评，在一定程度上挫伤了学生参加活动的积极性。第五，传统的大学英语"第二课堂"的师资力量有限，经费短缺。举办一场英语活动需要大量的人力、物力和财力支持，才能顺利进行，这也严重制约了"第二课堂"的发展。

二、基于文化哲学的非网络大学英语"第二课堂"建设

如果大学英语教学的第一课堂和"第二课堂"能做到有机衔接和有效互补，那将为学生提供更多的学习环境和实践机会，同时巩固学生的语言知识，并促进学生语言能力的发展和人文素养的提高。

从文化哲学的角度来看，非网络大学英语"第二课堂"的建设形式主要有以下六种：第一，组建各类英语社团或俱乐部。社团和俱乐部是学生兴趣的所在地，是学生发挥其主动性、想象力、创造力，培养团队合作意识和协调能力的绝佳平台，当然也是其英语语言实

践的场所。社团和俱乐部可围绕某个特定主题开展相应活动，并聘请外教和骨干英语教师作为特邀嘉宾予以指导。第二，举办英语文化节。学校可专门为学生们设立一个关于英语的节日，目的是要提高大家对英语学习的兴趣，节日要有多种活动形式，如英语趣味游戏、英语歌曲演唱、英语小品表演和英文电影配音等趣味性活动，由学校有关部门主办、外语学院联合有关英语社团和俱乐部承办，各院系负责编排节目，这样让学校领导、教师和学生都参与进来，营造"人人爱英语、人人学英语、人人说英语、人人用英语"的良好氛围，真正把英语文化节办成大学生自己的节日。第三，编辑英文杂志。设立英文杂志编辑部，用于锻炼学生的英语鉴赏和写作能力。可选择英语水平较高的学生负责杂志的组稿、编辑、审稿和出版工作，在全校范围内进行文章征集，师生均可参加，选出较为优秀的文章进行分类发表，目的是形成一种导向性，激发、调动起全体学生用英语写作的兴趣，培养大学生的英语写作能力和欣赏能力。第四，举办英语竞赛。通过英语竞赛这个平台，为学生提供充分展示自己英语才华的机会。每隔一段时间举办英语演讲比赛、英语辩论赛、英语歌曲比赛、英语脱口秀比赛、英语故事会，以及上面所提到的英语小品表演比赛、英文电影配音比赛等多种形式的竞赛，来激发学生的参与兴趣和表演欲望，使他们从中发现不足，互相总结交流，进而获得提高。第五，在日常生活中学习英语。"生活即教育，社会即学校。"要想学好英语，最重要的还是在实际生活中多接触、多使用，这就要求把英语学习渗透到学生的日常生活中，使学生能够随时随地受到英语的熏陶，置身于英语环境中。例如，可以设立校园英语广播站，每天定时播放英语节目；校园影视厅或电子显示屏可每周定时放映经典外国影片或一些生动有趣的视听材料，让学生能经常领略到英语的魅力。第六，创办"英语学习种子班"。从学校各个院系选拔部分英语学习积极分子参加该班的口语、演讲和活动组织能力等方面的培训，然后让这些"种子"带着"第二课堂"活动策划、组织的任务回到各自学院"生根、发芽、开花、结果"，从而带动更多的同学参与到英语学习的"第二课堂"活动中。

三、基于网络的大学英语自主学习平台

(一)自主学习的内涵与理论基础

自主学习是当今教育领域研究的一个热点话题。在课程与教学论领域，培养学生的自

主学习能力被当作一项重要的教学目标，自主学习被看成是教学实施的一种重要手段，并对其加以研究；在学习论领域，自主学习则被看作一种高水平的学习方式，研究者关心如何通过提高学生的学习自我调节水平来改善他们的学习成绩，使他们成为有效的学习者。国外关于自主学习的研究与探讨始于 20 世纪 70 年代，郝里克首次真正将"自主学习"这一概念引入外语教学中。他认为，自主是指"对自己学习负责的一种能力"，其中包括确立目标、自我监控和自我评价等，并提出外语教学应该有两个目标：帮助学生获取语言和交际技能，同时帮助他们获得自主，即学会如何独立学习。迪肯森认为，自主学习是指学习者在学习过程中负责所有策略，并实施这些策略。里特则认为"自主学习从本质上说是学习者对于学习过程和学习内容的一种心理关系问题，即一种超越、批判性的思考、决策，以及独立行动的能力"。纽南认为，自主学习是一种能够确定自己学习目标，并能创造学习机会的学习。本森也强调"自主"应该作为新的大学教育目标：一方面，这是发展学习技能的需要；另一方面，这个时代需要具有产生新知识而不是重复旧知识的能力。由此可知，西方学者对自主学习的研究是从多个角度进行的：①将其看作一种学习态度，即要求学习者对自己的学习负责；②看作一种学习过程，即要求学习者在这个学习过程中，根据自己的实际情况确定学习目标、制订学习计划、监控学习过程和评价学习结果；③看作一种学习能力，即要求学习者对学习过程进行决策及反思。笔者更赞同把自主学习作为一种能力来加强对大学生的培养。近年来，我国对自主学习及其能力培养的讨论已成为大学英语教学研究的热点话题。《大学英语课程教学要求》（以下简称《课程要求》）也提出了增强学生自主学习能力的教学目标，并且明确指出："教学模式改革目的之一是促进学生个性化学习方法的形成和学生自主学习能力的发展。"

20 世纪 50 年代以前，教师是教学的中心，教师代表一切，学生完全处于被动地位，毫无主体性可言。70 年代兴起的交际法，把教学的中心由教师转向了学生。自 80 年代开始，自主学习成为新的焦点，研究者强调学习责任从教师向学生转移，培养学生的自主学习能力，这一观点被众多研究者所赞同。自主学习理论是基于建构主义语言教学理论和人本主义学习理论而形成的。建构主义教学观与传统教学观的根本区别在于对知识和教学主体作用有着不同的看法。传统教学观认为：教育的目的就是进行知识的传递，即教师把前人所获得的知识通过教学的方式传递给学生，学生被看成是容器，被动地接受知识。建构主义则认为：知识是主体通过主动建构而形成的，要获得知识就必须进行积极主动的建构。传统教学法的优势在于明确语言知识的内容，为学生的学习指定明确的目标，其更加适用于程度低的英语学习者；其不利之处在于忽视学生的认知规律，不利于培养学生批判性思维。建构主义学习观的优势体现在它把学习变为主动的、轻松的、潜意识的过程；不利之处在于其侧重学习的过程和形式，容易使学习者忽略掌握语言所必不可少的基础知识，它更适用于程度高的英语学习者。人本主义学习理论强调学习过程中自我观念和情感因素的重要性，认为语言教学应注重有意义的交际，尊重和重视学习者，并给予学习者一定的决策权力。当学习者能根据自己的意愿确定适合自己的学习目标、确定学习内容、自主选择喜欢的学习材料时，才能大大增强其积极性和主动性。这两种理论都强调在语言教学中要以学习者为中心。在英语教学领域，要想有效的提高英语水平，必须依靠学习者广泛地、自主地学习英语。

（二）基于文化哲学的大学英语网络自主学习平台的构建

大学英语课外的自主学习主要通过以下四种模式或方式进行。第一，自主学习中心。加德纳（David Gardner）和米勒（Lindsay Miller）关于自主学习中心的书是这一领域最全面的著作。该书出版后，人们的注意力从自主学习转移到自主学习与课程相结合，自主学习中心建议成为一种特殊教学方式。第二，计算机辅助教学。随着信息技术的普及，计算机技术在语言学习中扮演着越来越重要的角色。计算机可以给学生自主学习提供机会，还可增强学生的自主学习能力。第三，串联学习。串联学习是两个人相互学习彼此的语言作品而进行的相互帮助，它与自主学习紧密相关。第四，自学。狭义上，自学是指使用印刷和广播材料的学习；广义上，其是指学习者在完全或基本没有教师的帮助下进行的语言学习。尽管在自主学习的早期文献中，自学起着很重要的作用，但广义上的自学很快被视为自主学习的一种模式。利用网络进行英语自主学习有两个方面的优势：一是可创设出生动有趣的语言环境，通过对网络资源的利用，可将枯燥的语言学习转变为形象、生动的语言学习，有利于学生对语言的理解和提高学生的学习兴趣；二是学生的主体性得以突出，个性化的学习服务有利于增强学生学习的主动性。

基于网络的自主学习平台的设计目的是为学生提供一个开放式的智能化英语学习环境。该自主学习平台采用客户机/服务器（C/S）架构，包含三个子系统，分别是：服务器端、教师客户端和学生客户端，三者通过因特网连接，如图8-1所示。基于网络的大学英语自主学习平台的建构如下。

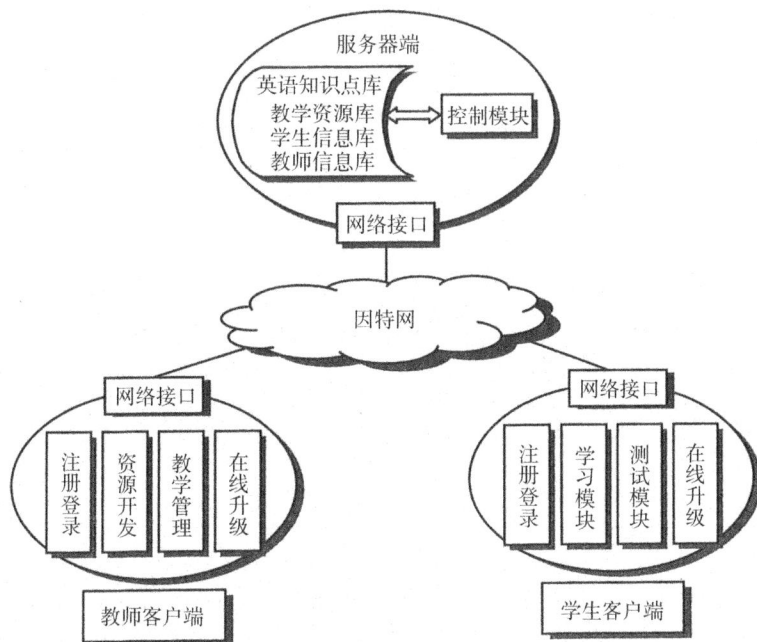

图 8-1 自主学习平台的逻辑结构

学生可以在该平台的学习模块和测试模块中自我选择内容并进行自主学习，还可以利用该平台中所设计的讨论版块提出讨论话题，邀请同伴加入讨论，或参加同伴倡导的话题讨论活动，并且还可以通过讨论版块进行学习心得的交流、提出疑问，以寻求老师和同伴的帮助等。教师则可以利用该平台进行学生的自主学习情况监控并及时发现问题，向学生进行及时的学习反馈，布置并指导讨论活动，回答学生的提问，上传教学资源等。

▶ 第九章

文化哲学视域下的大学英语教学评价

教学评价的理念是实施教学评价的前提条件。为了能够更加有效地促进学生在知识、能力、情感、态度和价值观等方面的全面和谐发展，大学英语教学评价需要从评价理念、评价内容、评价方式和评价主客体等方面重新进行体系构建，而文化哲学的价值理念为其提供了全新的教学评价视角。

目前，我国的大学英语教学评价主要存在以下三种倾向：一是终结性教学评价代替过程性教学评价。学生的学习是一个不断成长的过程，在这个过程中，应用一种发展的眼光对待学生的学习过程，而不是以一种简单的、量化的手段来衡量学生的学习状况，因此对学生的学习效果可以采用终结性评价，同时对其学习过程进行形成性评价。但实际情况是不少高校过分注重终结性评价，统一用期末考试或等级考试成绩来替代整个大学阶段英语学习的评价过程，分数则成了衡量大学生英语水平的核心标准，严重忽视学生的学习过程，这是大学英语教学需要进行改革的地方。二是教学评价形式趋于单一化。期中和期末考试是我国高校对大学生英语学习情况进行测评最主要的形式，而且是套用大学英语四、六级考试的形式。事实上，在大学英语教学领域中还存在许多其他行之有效的评价形式。另外，在评价活动中，被评价人和评价者双方之间的关系过于单一化。教师除了运用试卷对学生进行检测外，平时很少想到引导学生进行自评或同学之间进行合作评价。三是对能力评价和知识评价关系的处理存在着许多问题。由于知识较能力目标更容易进行量化评价，在大学英语实际教学的评价过程中，重知识、轻能力的教学评价现象普遍存在。

尽管有很多教育教学工作者早已认识到了大学英语教学评价体系中存在着诸多方面的问题，但是要想打破传统，开展新的教学评价体系需要耗费大量的人力、物力和财力，因此一种新的教学评价体系要想真正得以实行是一个很困难的过程。这些传统的教学评价对我们分析文化哲学视域下的大学英语教学评价体系具有重要的意义和价值。

第一节　文化哲学视域下的大学英语教学评价理念

一、文化哲学视域下大学英语教学评价的特征

教学评价理念对于大学英语教学评价的整个过程具有决定性的意义和价值。从其发展历程可以看出，我国大学英语教学评价经历了从以知识为本位的教学评价到以能力为本位的教学评价视野的转变。虽然这两种教学评价观从一定意义上讲有其合理性，但都呈现出一个共同的特征，即教学评价的单一性。随着时代的快速发展及人自身发展的需要，这种单一的教学评价观日益显现出其自身的缺陷和弊端。随着经济全球化时代的到来和经济全球化带来的文化多元化的趋势，学习英语的目的不再局限于知识和能力的提升，而在提升知识和能力的同时提升人文素养。因此，大学英语教学评价也应顺应时代发展的要求和需要，寻求新的教学评价的理念和方向，而文化哲学为当代大学英语教学评价提供了新的视角和价值取向。

文化哲学视域下的大学英语教学评价与传统的大学英语教学评价相比，具有开放性、多元性和完整性等特征，其目的是促进人的全面和谐发展。这一新的教学评价文化价值观的确立，对现代大学英语教学评价提出了新的要求和挑战。文化哲学视域下的大学英语教学评价具有以下两个方面的特征。

(一) 强调评价对象的全面性

教学评价作为教学活动的重要组成部分，其评价对象是一个完整的生命体。因此，文化哲学视域中的大学英语教学理应强调人的完整性与和谐性。在评价的过程中，评价者不

能对学生进行"分解"，而应对学生的智力、人格和兴趣等方面予以全面的考虑。大学英语教学评价的本质是要促进学生的全面和谐发展。因此在文化哲学价值观理念的指导下，大学英语教学评价应确立起以学生的人格和谐发展为目标的教学评价体系，大学英语教学评价应对学生进行关注。

（二）强调评价的多元化

大学英语教学评价中往往缺少对人本身进行评价，英语教育界的许多学者对此报以深深的担忧。而基于文化哲学的大学英语教学评价应尽力避免这一点。社会发展的多元化预示着会有越来越多的因素对教学评价产生影响。随着经济全球化的到来，文化的单一性将会走到"尽头"，文化的多元化带给英语教学的是教学形式的多样化、英语学习的多样化等变化。因此，教学评价应该顺应时代的精神诉求，从单一走向更合乎教学实际和学生个性发展的多元化阶段。

二、文化哲学视域下大学英语教学评价的理论基础

（一）心理学基础

心理学理论对教学内容的选择、教学活动的组织及教学目的的实现具有重要的意义。同样，大学英语教学评价必须以一定的心理学理论为依据，从而更科学、更合理地对大学英语教学进行评价。

1. 人本主义学习理论

人本主义心理学发源于20世纪50年代末60年代初的美国，其中马斯洛、罗杰斯等是其主要代表人物，这一理论对我国教育学领域产生了重大的影响。人本主义者认为行为主义和精神分析学派们在研究人的过程中忽视了人的本性、潜能、经验、价值和创造力等方面，把人视为一个机械的生命体。人本主义者明确提出每一个人的价值都有意义，应该尊重每一个生命的存在，注重人对自己的实现。人本主义是在美国过分强调科学至上的背景下而产生的，认为科学至上这种教育是反人性和反个性的教育，因为它只关注客观外部世界而忽视了学生的主观需求，提出教育必须以人为本，凸显人的主体地位和价值。所以人本主义心理学关注的是人，强调教育要以学生为中心，从关注人与环境的关系转移到关

注人与人的关系。传统教育强调的是人的社会化，强调的是人如何更好地去适应社会的需求，其反映在大学英语教学中，就是大学英语教育对学生英语能力的过分追求，如过分注重学生的阅读能力等。

另外，人本主义还强调对学生人格的尊重和培养。纵观我国大学英语教学的历史发展轨迹可以发现，传统大学英语教学过分关注对学生知识的传授和能力的培养，从而导致了对学生内在情感、意志等精神生活世界的遗忘。人本主义者认为，教育不仅是促成学生知识的形成和能力的养成，更重要的是对学生内在情感的关注和培养，使学生在了解、尊重自己的基础上认识到群己关系，即让学生在认识自己、接纳自己的同时，形成对他人尊重的态度和情感。因此，人本主义心理学关注的是人的自我实现过程，重视人的意义过程，注重对学生人格的培养等，这正是文化哲学视域下大学英语教学评价的关注点和力图解决的现实问题。

2. 建构主义学习理论

建构主义学习理论源于认知加工学说，是不同于传统客观主义的一种新的学习理论，皮亚杰、布鲁纳等人是这一领域的主要代表人物。建构主义认为，学生不是学习过程的被动接受者，而是知识的主动建构者和批判者；学习过程是学生主动建构心理表现的过程；知识是人们对客观世界的解释和理解的过程，必将随着人们认识的不断深化而不断改变，并做出新的解释；知识是针对具体问题情境对原有知识的一种创造和再创造的过程，学习者要对知识形成深刻、正确的理解才有助于提高自己的思维能力和探究能力；学生的学习应该以自己的经验为背景来进行建构和理解，其应具有主动性、社会性、情境性、建构性等特征。建构主义者还提出"基于问题"的学习方式，即在学习的过程中，教师要针对学生学习的内容设计出一些有意义、有价值的问题，并让学生去思考和尝试去解决，从而提高学生的学习兴趣和学习能力。

建构主义者还提倡在沟通、交流与合作中学习。传统的大学英语教学是一种接受式教育，教师强调的是教学前的准备工作而缺少为学生创设真实的教学情境，让学生在一种愉悦的体验中学习。教师是教学的主体，学生是教学的客体，教学主体和客体之间缺少真正的对话和交流。学生在学习英语的过程中感到枯燥、单调和无聊，而最终失去学习的动力和兴趣。所以教师在教学的过程中必须转变自己的角色，由以前的教学权威者转变为学生学习的指导者、合作者、促进者及学生学习情境的创设者等，教师与学生在相互交流、相互对话、相互合作中共同进步和成长。当然，这里并不是对教师在教学中作用的否定，而是对教师提出了更高的要求和挑战。这与文化哲学视域下大学英语教学的价值理念是相符的，文化哲学视域下的大学英语教学评价也应以这种理念为导向，从而为教学评价创设一个更为开放的评价环境。

（二）教育学基础

教育学是研究教育现象、揭示教育规律的学科。不同时期的教育观念都会影响人们对教育的看法和教育实践的实施。随着经济全球化时代的到来，人们对教育的看法和观念也较以前发生了相应的改变。时代强烈呼吁学生成为全面发展的人和终身学习的人，这就为文化哲学视域下大学英语教学评价理念提供了相应的教育学基础。

人的全面发展是教育及全人类追求的共同目标和理想愿景。把人的全面发展作为追求目标，并围绕这一目标进行教学改革已成为当代教育发展的一大趋势。从我国大学英语教学改革的发展阶段可以看出，人们逐渐意识到学生全面发展的重要性，并将其列为大学英语的教学目标和要求，还朝向这一目标做出了重要的努力。但实际的教育教学实践成效并不显著，全面发展也没有真正的落到实处。究其原因主要是在实际的教育教学过程中，人们仅仅将教育视为知识传递的工具和手段，学生在这一过程中主要是对相关知识和技能的掌握和记忆，而学生的情感发展、意志锻炼和审美情趣等被严重地忽视了。因此，大学英语教学评价理应以人的全面发展理论为依托，在教学的过程中高度重视学生的知识、能力、情感和价值观等方面的培养，从而使学生在各个方面全面和谐地发展。

终身学习的思想自古以来在我国的教育思想及教育实践中都有所体现，如古代所言的"活到老，学到老"的思想。但是，随着时间的流逝，人们对这一观念逐渐淡忘，学习和接受教育成了人生中某一个阶段的任务。然而，随着科学技术的迅速发展，人们的思想观念和生活方式也随之发生重要的改变，人们逐渐对以前的一次性的终结性学习感到质疑和困惑。这就要求现行的教育改革，突破以前的一次性的终结性的教育观念，于是终身学习的教育观念在全世界范围内普遍确立起来。这一方面体现了教育民主化的呼声，另一方面也体现了教育对人素质提升的要求。这种观念是对传统的固定的知识和能力的极大挑战。终身教育充分体现了接受教育应贯穿于人发展的全过程。另外，在终身学习的体系中，"以人为本，以人的发展为本"是教育发展的要求和理念。终身学习对大学英语教学评价的启示在于：大学英语教学首先要走出应试教育的误区，认识到大学英语学习是一个终身学习的过程而不是人发展过程中的某个阶段。因此，在大学英语教学评价的过程中，理应把学生的智力发展、情感发展及社会发展进行综合考虑，关注学生在学习英语过程中的体验性和创造性等诸多方面。因此，终身学习理论为文化哲学视域下大学英语教学评价提供了新的理念基础。

三、文化哲学视域下大学英语教学评价的理念

总体而言，在注重对显性教学内容及其实施效果的评价基础上，重视对隐性教学内容及其实施效果即对人文知识和精神的评价，是基于文化哲学的大学英语教学评价的理念。人文是一个很广义的概念和范畴，如知识、艺术、信仰、习俗等人类生活的各个方面都可以视为一种人文的存在。但总体而言，人文可以从人文知识和人文精神这两个方面来进行理解和剖析。其中人文精神是人类文化的精髓和结晶，是人类文化的核心和灵魂。从一定意义上讲，人文精神是一种普遍的人类自我关怀，其主要表现为对人的生命意义、价值和理想等方面的真切关照，是对人类各种精神文化现象的珍视及对一种全面发展的理想人格的肯定和塑造。人的生命总是有限的，不可能事事都去经历、感受和体验，大部分知识都是通过学习前人的经验或知识而得以内化的。因此，要想了解人类的优秀文化，必须对前人的文化精髓有所吸收和借鉴。然而，我国大学英语教学的主要现实是应试教育，使学生苦苦"求索"英语知识，激烈竞争使得师生致力于技能的获得，在孜孜追求显性知识和技能的同时，忽视甚至无视了人文精神的培养，这与大学英语教学的根本目标严重不符。因此，重视大学英语教学中的人文精神是时代发展的要求，也是教育的真切呼唤。同样，在教学评价中，重视对教学主体人文精神的评价也是时代发展的诉求和教育的呼唤。

第二节　文化哲学视域下的大学英语教学评价内容

大学英语教学的评价对象受教学本身诸方面的影响和制约。大学英语教学评价在评价过程中，往往只选择教学活动中的一个或多个方面作为评价对象，教学评价要想对教学活动的各个环节进行全面、客观的评价确实是很困难的。文化哲学视域下的大学英语教学评价强调评价内容的多元化，这已成为当代社会发展的一个普遍趋势。文化哲学视域下的大学英语教学评价不仅吸取了以知识为本位和以能力为本位的教学评价中的优点，还在此基

础上进行了多方面的改进和创新，其评价理念是对传统教学评价的实质性超越。文化哲学视域下的大学英语教学评价，不仅强调学生在学习过程中对英语知识的掌握，还强调学生在学习英语过程中将英语知识和实际应用相结合，注重从情感、态度与价值观等方面来考查学生是否达到《课程要求》的总体要求，更加强调学生的全面和谐发展。其内容主要包括以下三个方面：①大学英语教学的学术基础，包括对教学目标和教学内容的选择、教材的安排和组织、教师对教学内容的理解和组织等。②大学英语教学内容的呈现，包括教师的言语表达能力、课堂提问技巧和对课堂讨论的引导等。③大学英语教学对学生和教师的影响，即通过教学使教师和学生所要达到的教学和学习目标，包括个人取得的发展和成就、态度的转变、教学对个人与社会及职业的贡献等。

同时，基于文化哲学视域下的大学英语教学评价内容的选择应注意以下四个方面：首先，教学评价的内容应具有全面性，具体包括学生的个性品质与社会品质、学生的学习品质与道德品质、学生的认知品质与行动品质等方面。教学评价的全面性可以确保在大学英语教学评价的过程中，对学生各方面的素质进行较好的评价并进行比较认识。其次，在英语教学评价的过程中，应该明确英语学科自身所包含的内容与其自身的发展性内容两者之间是相互促进、不可分割的关系。传统大学英语教学评价的缺陷在很大程度上是因为将学生的学业评价看得比发展性内容评价更为重要。再次，大学英语教学应注重评价内容的可操作性，也就是说在教学评价过程中，教学评价内容的选择不能太过笼统和模糊，否则就会削弱教学评价的作用，教学评价的内容必须是重要的、典型的，并具有很大的代表性，否则就会削弱教学评价数据的合理性和有效性。最后，大学英语教学评价内容应具有差异性。由于不同学生的能力基础和发展需求是不相同的，因此，在英语教学评价的过程中，对于同一方面素质的评价也可以选用不同的内容。

第三节 文化哲学视域下的大学英语教学评价方式

2007 年，以《课程要求》颁布为标志，大学英语教学改革进入了全面推行时期。在《课程要求》的指引下，许多高校进行了英语教学模式的改革，即由过去单一的课堂教学转变为全方位、立体化教学，以培养学生全面的综合应用能力，重点突出学生的听说能力，以及以提高学生人文素养为目标。在教学模式进行改革的过程中，评价方式也随之发生了相应的改变。文化哲学视域下的大学英语教学评价具有重视学生在评价过程中的个性化反应、尊重学生的差异性等特点，这时的大学英语教学评价，不仅要对学生课内外学习行为（如言语交流、书面作业、口头问答等）进行评价，而且要对学生的学习能力、学习态度等进行评价，这就使英语教学评价方式呈现出多样性的特征。

另外，文化哲学视域下的大学英语教学评价强调教学评价在促进人的终身和谐发展中的重要功能。终身教育主张教育一直是一个过程，其既不受时间限制，也不受空间限制。终身教育注重人一生的发展，它认为教育是一个连续、统一和全面的过程，并非是阶段性的，这一理念与促进学生全面和谐发展的教育本质的价值取向相符。基于此，大学英语教学评价不应只关注人发展的某个方面或某一阶段，而应更关注人的终身发展情况，促使学生个性发展、适应社会发展需要的全面和谐发展。文化哲学视域下的大学英语教学评价方式除沿用优秀的传统教学评价方式（如单元测评、学期测评和学年测评）外，还应吸取新的教学评价方式和理念。

一、质性评价

在传统大学英语教学评价中，学生的考试成绩是衡量学生英语水平的主要指标，而对学生人格面貌、内心情感及价值观等方面有所忽视。这不仅不利于学生的全面和谐发展，而且在很大程度上促使学生走向片面发展。学生在英语学习过程中是一种"物"的存在，而不是真正的学习主体的存在，许多学生为提高考试分数而学习和忙碌着。与之相应的教学评价主要是强调对学生实施量化评价，学生的考试分数与教学的质量成显性的正相关。这种教学评价从本质上讲是对学生个体发展极为不负责的，是一种单一的、片面的教学评价。简单化、表面化、僵化等是这种教学评价的主要特征，其忽视学生发展的全面性、差异性等个性特质，不能真实地反映学生发展的原始面貌，其评价的效度和信度在很大程度上难以保证。随着20世纪70年代"解释的评价"的提出，教学评价中开始使用观察、访问等质性探究方式。到80年代后期，质性评价方法逐渐活跃起来。

质性评价是在长期以来量化评价带来的种种弊端的基础上发展起来的一种评价方式，与量化评价之间并不是完全对立的关系，而是一种相互补充的关系。与量化评价相比，质性评价强调的是教学的情境性和学生学习的过程性，是一种形成性评价，它主要是通过自然的调查，充分而全面地理解和描述评价对象的各种特征，以阐明意义，并促进理解，从而更清晰地认清教育现象。因此，质性评价强调的是对真实情景下教育现象的关注。大学英语教学评价的最终目的是促进学生的全面和谐发展，这种全面和谐发展是建立在学生语言知识、语言技能、情感态度及学生的文化意识形态之上的。因此，大学英语教学在评价过程中，强调对学生进行"客观的"量化评价的同时，还应通过观察、调研等多种形式，对学生进行质性评价，以促进大学英语教学的顺利开展及学生自身的健康发展。

二、理解性评价

长期以来，在我国大学英语教学评价过程中，评价者把英语教学评价看成是一种特殊的认知过程，这种认识论的教学评价强调的是学生在英语学习过程中对知识的获得和占有。在这种以知识为价值取向的教学评价中，大学英语教学演变成了一种典型的灌输式教学，英语教学活动中理应有的丰富性、多样性等内涵被单一的、确定的认识论所淹没。而导致这种现象的主要因素是认识论的固定思维导向。当然以认识论为导向的教学评价有其合理性的一面，但从人的全面和谐发展的维度看，这种以认识论为导向的教学评价无论多么完善，都很难弥补其思维方式的缺陷，最后依然无法解决在教学评价过程中的弊端。因此，大学英语教学评价的认识论面貌要得以根本解决，必须从解释学的角度出发，把教学评价的过程看成是一个深层次的理解过程，而不是一个简单的认识论过程，从而构建出以理解性为指导的大学英语教学评价。

理解性教学评价是对当下以认识论为导向的教学评价的反思和批判，是对认识论教学评价发出的真正挑战。可以说理解性教学评价是教学评价发展的必然趋势。理解性教学评价是对认识论教学评价观的断裂和拆解，然后走出以认识论为理论基础的教学评价。因为教学不是教与学的简单相加，教学评价也不是对教与学评价的简单组合过程。理解性教学评价提倡的是以理解为核心的教学价值观。首先，教师应时常对已经完成或正在进行的教育教学活动进行反思，发展其合理的方面，对自己教学中存在的不足进行改进和完善。教师还应时常对自己的教学语言、教学行为和教学内容等方面进行反思和理解，从而达到自我剖析和理解的目的。另外，教师要对学生的评价及同事对自己的评价进行合理的分析，其最终目的是促进自身的成长与进步。其次，在理解性教学评价中，必须克服评价者与被评价者之间的分离状态，因为评价者和被评价者之间理应是一种相互平等、相互理解和相互尊重的关系。这种关系有助于教学评价主体和客体间相互沟通、理解，从而使教学评价能够得以顺利实施。最后，在理解性教学评价中，还应注重教学评价的生成性，因为从一定意义上讲，理解的过程是一个不断生成、不断发展的过程。对于理解性教学评价而言，生成性也是其重要特征，其主要表现为教学评价标准的生成性、教学评价方法的生成性、教学评价结果的生成性等多个方面。从以上论述中可以看出，理解性教学评价不仅有利于教师的专业发展，而且还有利于师生间的共同对话和交流，从而促进学生全面和谐的健康发展。

三、360 度反馈评价

360 度反馈评价又称为多评估者评估或多角度反馈系统，由被评价者的上级、同事、下级和客户及被评价者本人担任评价者，从多个角度对被评价者进行全方位的评价，通过反馈评价结果，达到改变被评价者行为、提高工作绩效、促进其职业发展的目的。反馈评价最早源于欧洲对公司职员、公司业绩等方面的评估，后经发展逐步应用于教育领域中对教师教学的评价。360 度反馈评价，无论从评价的范围还是从评价的方式上看，都较以前的评价发生了重要的变化，其主要强调的是从多个方面、多个层次对被评价者的信息进行收集和整理，然后由业内或业外人士对被评价者进行综合评价，最后与被评价者的自我评价进行比较，从而促进被评价者的自我发展。这种评价方法主要是采取全方位的信息收集方式，即是要对被评价者的有关资料进行一个完整的收集，收集渠道可以是全方位的，以使评价的信度和效度得以保证，对被评价者的评价也更为准确、客观和全面。所以，360 度反馈评价法具有全方位、多视角的特征。另外，360 度反馈评价还具有以下特征：首先，强调被评价者的潜能，即在工作评价中，不是将表现最优秀的被评价者和表现平常的被评价者进行比较，而是对表现一般的被评价者在某些方面给予肯定，因为每个人在不同的方面都有自己的优势和不足，而这种评价方式主要是对被评价者的某一方面或某几个方面的潜质给予充分的肯定。其次，误差较小，360 度反馈评价的评价者来自不同层次而且由数名评价者组成，评价的结果不是来自一个评价者或某方面的评价者，其评价的结果是取所有评价者的平均值，所以评价的误差相对较小。最后，评价主要采取的是匿名评价的形式，这样评价者就没有顾虑，其评价的结果就比较客观真实。

基于文化哲学视域下的大学英语教学评价也应采取多元化、开放性的评价方式，吸取

360 度反馈评价的有价值的部分。大学英语教学评价在评价主体方面应该强调多元化，360度反馈评价的一个重要特点就是评价主体的多元化，而反观我国传统及现在部分高校大学英语教学评价可以发现，在教学评价主体方面存在着单一的趋势，主要采取的是一种自上而下的教学评价方式，即学校及教育部门对大学英语教师的教学质量、教学手段等方面的评价和教师对学生学习状况的评价，其评价的主要依据是学生的英语考试成绩或考级情况，由此导致了学生对英语学习分数、英语考级状况的过分关注。这种单一的教学评价方式不利于对教学情况进行全面的了解，无法为师生提供有效的反馈信息和恰当的解决途径。因此，大学英语教学评价应该不断拓宽评价主体的范围，学生、同事和朋友等都可以是教学评价的主体。通过这种多主体、多渠道的教学评价，被评价者(教师或学生)可以对自己有一个很清晰的认识。同时，在这种反馈评价过程中，学生与学生之间、学生与教师之间及教师与教师之间可以建立一种相互帮助、共同发展的组织氛围，从而促进一种"合作文化"的形成，而这种"合作文化"与文化哲学的价值理念是吻合的。通过这种合作学习、合作互助的双向沟通和交流，师生能在一种更为和谐的文化环境中成长和发展，这样的大学英语教学评价才能真正体现出人与人之间的真正"对话"，这样的大学英语教学才可以说是一种更符合人性的教学。

第四节　文化哲学视域下的大学英语教学评价主客体

纵观我国传统大学英语教学评价可以发现，在教学评价过程中，教育者是教学评价的主体和权威，而学习者在教学评价的过程中常常被视为教学评价的客体，无主体性可言。这种教学评价是一种单一评价主体的评价观，教学评价的主体和客体在教学活动中处于一种分离的状态。而基于文化哲学视域下的大学英语教学评价应从主客二元对立中摆脱出来，从而更好地促进教育教学的健康发展。从交往理论的角度看，教学评价是评价者与被评价者、教师与学生共同建构的一种相互交往的活动过程。在这种交往中，每一个个体都是交往的主体，主体与主体间是一种相互尊重、平等的交往关系。而文化哲学视域下的大学英语教学评价正是与这种"交往文化"相呼应，并强调教学评价主体的多元化。

总体而言，文化哲学视域下的大学英语教学评价的主客体具有以下两个方面的特征：一方面是注重他人评价与自我评价相结合，即自主体和他主体互评；另一方面是教学评价的双向性，因为主客体间是相对的，曾经作为评价对象的学生成为了教学评价的主体，教学评价成了学生主动参与、自我反思和自我学习的过程。因此，文化哲学视域中的主客体间是一种"交互主体性"的关系。大学英语教学评价中，可以将教学评价的主体划分为三个维度，即学生的自主体性、学生间的互主体性和师生间的互主体性。客体在教学评价的过程中并没有消失，因为教师和学生在作为教学评价主体的同时，也可作为评价的客体，而教学评价中的主客体在一种相互交互的关系中融为了一体。

一、学生的自主体性

学生的自主体性是对传统大学英语教学单一评价主体的批判和否定，是对学生在英语教学评价中主体性的肯定和张扬。也就是在英语教学评价中首先将学生视为教学评价的主体，将学生纳入现代教学评价体系，使其能对自己学习的各个方面进行评价和掌控。这种能使学生进行自我评价的教学思想已被越来越多的英语教育工作者所认可。随着科学技术的迅猛发展，个性化学习已成为学生学习知识（包括英语）的必然趋势和途径。教育者应有意识地引导学生培养自主学习的能力，使学生能根据自己的学习兴趣、特点等有选择地学习。学生在英语学习的过程中要对自己的学习方法、学习内容和学习结果等方面进行阶段性的评估和反思。而教师在学生自评的过程中是引导者、支持者和帮助者，而不是控制者或主导者，这样学生的主体地位才得以真正确立。

二、学生间的互主体性

学生间的互主体性是文化哲学视域中大学英语教学评价主体的又一特点。学生的互主体性将教学评价的主体范围扩大了，不再局限于传统教学评价中单一的主体，而是扩大到了现在的学习者主体。这种学生间的互主体性是建立在学生之间的一种相互信任、相互合作的基础上，是学生间的一种对话和交流的过程。在这个过程中，学生可以发现其他同学的优点和自己在学习过程中存在的问题和有待改进的地方。通过学生间互评，学生们在无形中成长了。这种学生间互评的方式从文化哲学的视角来看，是一种"合作文化"，在这种合作文化中没有"霸权主义"的存在空间，这种文化中的每一个人都是平等、自由的。所以，合作文化是大学英语教学评价方式的文化诉求。这样学生不仅是作为评价主体的身份存在，同时也是教学评价中的客体，学生拥有主体和客体的双重身份，才能真正达成了"两位一体"的融合。

三、师生间的互主体性

在强调学生主体评价地位的同时，并不是对教育者（主要是教师）主体评价地位的否定，教育者的主体地位与学习者的主体地位之间是一种相辅相成的内在关系。教育者在大学英语教学评价中具有制定评价标准、教授评价方法、帮助学生进行正确自评、互评及对教学过程进行反思等多方面的作用，因为他们对学生学习状况的了解在很大程度上还是比较客观和全面的。同时，教育者一方面要意识到自己在教学评价中的主体地位，但另一方面又必须要意识到学生自己的主体性精神。教师是学生发展的重要引路人，但学生自己才是真正的主人。因此在大学英语教学的过程中，教师必须转变观念，把学生视为一个真正的具有主体性的人。也只有这样，大学英语教学评价中的人才能真正彰显其人性的光芒。

第五节　文化哲学视域下的大学英语教学评价类型

大学英语教学评价具有反馈、调节、激励、反思、导向和研究等多种功能，不同的评价类型所起的作用各不相同，下面我们从多维度的视角对其进行认识和理解。

一、单项评价和综合评价

根据所涉及范围的不同，大学英语教学评价可分为单项评价和综合评价。单项评价主要是指对教学活动某个方面所进行的评价，如听力、口语、阅读和写作评价等。综合评价是指对整个教学活动过程进行完整、系统的评价。这两种评价是局部和整体的关系，单项评价是综合评价的基础，同时综合评价也会对单项评价产生一定的影响，因此在进行评价时既要注重局部，又要纵观整体。

二、教师评价和学生评价

从评价主体来看，大学英语教学评价包括教师评价和学生评价。教师无疑是对教学工作评价最直接、最现实的主体之一。教师评价是指教师作为教学评价主体对自己开展的大学英语教学实践的总结和评价：它一方面可以帮助教师就教学实施的各个方面进行系统的梳理，并得出合乎科学的结果；另一方面可以帮助教师就教学实践的实际效果、操作措施给出较为详细的说明和总结。教师评价要求充分尊重教师在评价中的主体地位，充分调动每位教师的主动性、自觉性和积极性，使评价的过程真正成为教师自我认识、自我分析、自我改进、自我完善和自我教育的过程，使教师的评价工作达到预期的目的。教师的自我客观评价可以对大学英语教学起到诊断作用，从而促进教学实施的改进。这里需要指出的是，基于文化哲学的大学英语教师评价要基于这样的信念：教学行为可以通过不断的检讨得以不断的改进，进行自我评价的教师应承认自己的教学不是完美无缺的，任何时候都有可改进之处，这种信念才能促使教师置于不断评价以促进发展的意向中。

学生是大学英语教学实践的直接参与者，既是学习的主体，又是教学评价的主体。大学英语教学的效果最终体现在受教育者身上。正是基于这一理由，随着教学民主化的推进、学习者主体地位的确立、学生评教活动的规范化，学生评价大学英语教学已被越来越多的教师所认同。基于文化哲学的大学英语教学评价观认为：学生是教育产品的直接消费者和教学成果的直接感受者，学生对大学英语教学过程及其效果的评价信息是重要而独特的。如果评价标准恰当并组织得好，学生的评价可以反映部分教学过程的真实情况。学生评价具有多方面的作用：①大学生是大学英语教学的直接感受者和受益者，因此对大学英语教学质量的评价，他们应该是最有发言权的；②学生的学习过程就是对大学英语教师教学质量的系统评价和全程监控；③教师通过学生评价，可以看出大学英语教学活动对学生影响的程度，找出差距，并不断提高教学质量。

三、诊断性评价、形成性评价和终结性评价

1967 年美国芝加哥大学哲学家斯克里芬论及课程改革时，曾提出课程评价有形成性评价和终结性评价两种，后经布卢姆运用于教学活动中，发展为三种新的教学评价，即诊断性评价、形成性评价和终结性评价。如今这个分类标准已被教育界广泛接受，对我国大学

英语教学评价具有重要的借鉴意义。

(一) 诊断性评价

诊断性评价是学生在刚进入学校时,教师对其原有知识基础进行了解的一种评价形式,主要目的是了解学生的知识储备状态,以便更好地服务于学生和教学。在大学英语教学中,对于刚进入大学的新生而言,这种评价形式可以为大学英语教学提供很好的参考价值。因为不同的学生之间的英语水平不同,学生间可能存在较大差异,因此大学英语教学要运用诊断性评价以了解学生的英语水平,然后按学生的英语实际水平进行分级教学。这样一方面有利于学生的英语学习,另一方面对于英语教学的开展也大有裨益。

(二) 形成性评价

形成性评价又称过程评价,是教学过程中反思性和反馈性相结合的一种评价方式,评价的内容包括教师实施的所有活动和学生在评价自己的过程中所进行的全部活动形式,其实质是一种师生之间的"交流"或"沟通"。也就是说,教师在教学过程中应不断根据学生们的反馈信息反思、调整、更新自己的教学理念、教学内容、教学方法和手段等,而学生则是形成性评价中的"受惠者"。通过学生提供反馈信息——教师自我反思、更新——学生发展这样一种良性循环的路径,学生在整个教学中的主体地位得以彰显,教师也在这种反馈中对自己教学的各个方面进行反思和更新,因此在大学英语教学中,形成性评价是学生学习英语的良好途径和教师自我专业发展的有效方法。当然,形成性评价有多种方式,如课堂活动和课外活动的记录、网上自学记录、学习档案记录、访谈和座谈等,这有利于教师和学生对学习过程进行观察、评价和监督,从而促进学生有效地学习。

1. 课堂活动和课外活动记录

课堂是进行大学英语教学和实施形成性评价的重要场所,学生课堂教学活动中的表现在很大程度上影响着学习成效。教师在评价的过程中,可以通过观察学生在课堂活动中的具体表现来全面和客观地获取教与学的信息,进而更有效地指导教学。教师还要在教学中同时使用测试性评价和非测试性评价,善于对自己的教学行为进行反思,以便更好地完善教学计划,促进学生对英语学习的爱好和兴趣。课外活动是课堂教学的延伸与补充,是将课堂所学知识进行实践的有效途径。因此,教师应有计划地组织内容丰富、形式多样的英语课外活动来丰富学生的英语知识，培养学生积极的情感体验、与人合作的精神及自我展示的能力，同时还要善于抓住这些时机，依据学生在课外活动中的表现对他们进行积极肯定的评价。

2. 学习档案

建立学习档案可以对学生的学习过程进行有目的的了解，建立形式有多种，如收集论文、作品和重要考试成绩等能够反映学生学习成果的资料。建立多样化的学习档案可以让学生的个性得到真实的反映，有利于学生的个性化学习和发展，同时有利于学生积极参与英语教学评价。因此教师可以在学期之初让学生建立能够全面反映自己各方面能力发展的个人学习档案袋，这样，他们就可以随时对自己的学习过程进行总结、反思，从而达到自我监控和不断提高的目的。

3. 访谈、座谈和问卷调查

访谈、座谈和问卷调查是教师全面了解学生在学习过程中的进步、困难、学习心得等多方面信息的一种有效资料的收集方式，不仅有利于教师改进自己的教学工作，还有利于师生间的共同进步。教师通过访谈、座谈和问卷调查的方式，可以发现学生对自身学习情况的看法，了解学生的问题与困扰，从而及时掌握学生的学习情况、学习需要和思想动态，调整教学内容和方法。教师还要学会善于从学生的角度思考问题，与学生谈话时要尽量用鼓励性语言，如"你这段时间进步不小""你有能力取得更大的成绩"等。虽然只是简单的评价，但是能让学生真切地感受到教师对自己的期待，从而更加积极主动地参与到学习中，并取得更大的进步。

4. 及时有效的反馈

形成性评价的关键作用在于反馈。教师对学生进行有效的反馈可以让学生知道自己所取得的成绩与进步，同时也知道在学习过程中存在的错误并及时予以改正，帮助学生明确自身水平与学习目标间存在的差距，并采取行动尽量缩小差距。及时有效的反馈能帮助学生理解学习目标，及时认清自己的现状，找到实现目标和自我提高的方法。大量的研究表明，教师给予学生积极反馈，不仅能使学生知道他们正确地完成了任务，同时还能增强他们的学习动力。因此，教师应尽可能多地给予学生以积极反馈。

（三）终结性评价

布莱克曾通过类比对终结性评价进行阐述："当厨师品尝汤时，那是形成性评价；当顾客品尝汤时，那是终结性评价。"《课程要求》明确指出，终结性评价是在一个教学阶段结束时进行的总结性评价。终结性评价主要包括期末课程考试和水平考试。简单地说，终结性评价是指在一定阶段的学习结束后对学生学习结果所做的一种测试。

在大学英语教学评价过程中，教师往往把重点放在学生对知识的掌握和教学的有效性上，并通过终结性评价方式来衡量学生的理解程度。终结性评价强调的是学生的学习成绩而不是学生的学习过程。从教师的角度而言，终结性评价可以看成是解释英语教学效果的一种手段；从学生的角度而言，终结性评价主要用于决定学生最后的课程分数。许多教育家都认为，终结性评价是有效的、可信的和真实的，因为其提供了大量的信息。但另一方面，终结性评价可能会诱发学生出现一些不道德的行为，如为获得较高分数，学生可能会作弊。终结性评价体系需要是正式的、结构化的和有监考的，因此与形成性评价相比，其计划、安排更严密、更有效，需要主要部门之间的协调配合。一般来说，终结性评价系统不提供反馈和建议。在学期年末对学生进行终结性评价，以给学生分配年级或为学生升到下一个年级提供参考依据。

在大学英语教学评价体系中，我们既要重视诊断性评价的"先在性"，又要珍视形成性评价的"互动性"，还要关注终结性评价的"结果性"，把握好这三者间的良性互动，才能促进大学英语教学评价体系的有效建构。

第六节　文化哲学视域下的大学英语教学评价原则

一、人文性原则

文化哲学视域下的大学英语教学评价应关注学生的人文性精神。也就是说在大学英语教学评价中，不能仅将英语的工具性价值作为大学英语教学评价的标准，学生的情感、人格、价值观等也必须考虑在内。因为学生人文性素养的培养才是大学英语教学的真正目的所在，工具性是培养学生人文性的基础，而学生人文精神的建构才是英语教学的最终归宿。

二、多元性原则

与多元性相对应的是单一性，20 世纪 90 年代以前，也就是 1999 年《大学英语教学大纲（修订本）》颁布之前，可以说我国的大学英语教学评价都属于单一性的，即以知识或能力为教学的唯一标准。但随着社会经济的迅速发展，人们发现这种单一性的教学评价已无法适应社会发展的需求及学习者个人的发展要求。因此大学英语教学要与时代精神相适宜，必须秉承多元化的价值理念，从大学英语教学评价的内容、主体和标准等各个方面来审视目前我国大学英语的教学现状。

三、客观性原则

客观性意指不偏颇于任何一方之意，这与文化哲学中的价值理念不谋而合。文化哲学中强调的是各种文化间的相互平等性与和谐性。这对于大学英语教学评价的启示可以表现在以下两个方面：一方面是英语教学评价各个环节间的客观性。如诊断性评价—形成性评价—终结性评价这三个环节之间相互联系，这就要求各个环节间提供的信息必须真实客观，否则会直接影响到教学评价的效度和信度。另一方面是评价主体的客观性。作为教学评价主体的学生和教师，在对自我评价和对他人评价时，必须排除自己的主观偏见和情感因素，依照事情的本来面貌对其做出客观的评价和反思。只有这样，大学英语教学才能够真正顺应当代文化的价值诉求而持续、健康、和谐地发展。

参考文献

[1] 何树勋. 跨文化交际下的大学英语教学改革模式研究[M]. 成都：四川大学出版社，2019.

[2] 钱满秋. 现阶段大学英语教学改革研究[M]. 北京：北京理工大学出版社，2017.

[3] 张全，范应红. 英语教学改革理论与实践研究[M]. 昆明：云南大学出版社，2014.

[4] 吕爱娟. 高校英语教学改革与实践[M]. 昆明：云南人民出版社，2019.

[5] 李杰. 大学英语教学改革[M]. 天津：天津科学技术出版社，2017.

[6] 常焕辉. 现代英语写作理论及教学改革研究[M]. 北京：团结出版社，2018.

[7] 薛燕. 基于教学改革的大学英语教学实践[M]. 延吉：延边大学出版社，2018.

[8] 王淑花，李海英，孙静波，等. 大学英语教学模式改革与发展研究[M]. 北京：知识产权出版社，2018.

[9] 冯琳. 多元化英语教学改革聚焦[M]. 哈尔滨：黑龙江人民出版社，2019.

[10] 李国金. 大学英语教学基础理论及改革探索[M]. 北京：北京理工大学出版社，2018.

[11] 王轶普. 多元环境下英语语音教学改革创新研究[M]. 长春：东北师范大学出版社，2019.

[12] 倪坤鹏. 多维视角下英语教学改革与创新[M]. 延吉：延边大学出版社，2019.

[13] 肖莉. 大学英语教学与改革[M]. 天津：天津大学出版社，2019.

[14] 束定芳. 高校英语教学现状与改革方向[M]. 上海：上海外语教育出版社，2015.

[15] 陈传斌，刘冲亚，沈丹. 英语教学改革理论与实践研究[M]. 沈阳：辽海出版社，2019.

[16] 周晓玲. 网络环境下大学英语教学改革理论与实践[M]. 苏州：苏州大学出版社，2013.

[17] 牛园媛，田志远，石莉. 大学英语教学改革与创新研究[M]. 沈阳：辽海出版社，2019.

[18] 罗瑞. 大学英语教学改革与探索[M]. 北京：新华出版社，2017.

[19] 薛美薇. 大学英语教学改革方法与途径[M]. 北京：新华出版社，2018.

[20] 王利娟. 大学英语教学改革的多视角探索[M]. 长春：吉林教育出版社，2018.

[21] 陈玢. 英语教学改革：教学模式创新与学生能力培养研究[M]. 武汉：武汉大学出版社，2019.

[22] 贾振霞. 大学英语混合式教学中的有效教学行为研究[D]. 上海：上海外国语大学，2019.

[23] 蔡基刚. 高校外语教学理念的挑战与颠覆：以《大学英语教学指南》为例[J]. 外语教学，2017，38(1)：6-10.

[24] 何莲珍. 新时代大学英语教学的新要求——《大学英语教学指南》修订依据与要点[J]. 外语界，2020(4)：13-18.

[25] 王文宇，王海啸，陈桦. 构建具有校本特色的个性化大学英语课程体系[J]. 中国外语，2018，15(4)：18-26.

[26] 向明友. 试论大学英语课程体系建设[J]. 中国外语，2016，13(1)：4-9.

[27] 葛春萍，王守仁. 跨文化交际能力培养与大学英语教学[J]. 外语与外语教学，2016(2)：79-86，146.

[28] 韩佶颖，王俊菊，郑鑫. 大学英语教师教学目标取向与教学方式的特征及关系探究[J]. 现代外语，2017，40(6)：825-836，874.

[29] 孙倚娜，李翠英. 大学英语课程设置优化与大学英语教师的可持续发展[J]. 中国外语，2016，13(1)：19-24.

[30] 王守仁. 转变观念深化改革促进大学外语教学新发展[J]. 中国大学教学，2017(2)：59-64.

[31] 屠国元，胡东平，范丽群. 传承·发展·创新——大学英语课程设置新体系构建之思考[J]. 中国外语，2016，13(6)：4-9.

［32］陈金诗，董金伟. 全能提高型大学英语课程教学体系的创构与实践——以广东外语外贸大学为例［J］. 山东外语教学，2018，39(6)：52-61.

［33］毛伟，盛群力. 聚焦教学设计：深化我国大学英语教学改革的关键［J］. 外语学刊，2016(1)：106-109.

［34］贾国栋.《大学英语教学指南》与高校大学英语教学改革［J］. 当代外语研究，2017(6)：62-65.

［35］白蓝. 从 EGP 到 ESP：大学英语教学改革的发展趋势［J］. 吉首大学学报(社会科学版)，2019，40(5)：139-145.

［36］杨港. "立体化教材+互联网资源"驱动的大学英语教学设计研究［J］. 外语电化教学，2019(1)：23-29.

［37］秦秋. 大学英语教学改革与教师素质提升［J］. 江苏高教，2016(5)：68-71.

［38］马亚伟，廖芸. 试论 ESP 视角下大学英语教学改革与实践［J］. 中国教育学刊，2017(S1)：110-112.